M0391709

LA SCULPTURE EN TERRE

LA SCULPTURE EN TERRE

Philippe CLÉRIN

Dessain et Tolra

Je dédie cet ouvrage à mon amie Jeanne Allard qui a eu la patience de suivre mes gestes et de les capter avec son œil de photographe.

Remerciements

Je remercie très chaleureusement la firme COLPAERT de Gand, ainsi que Ruddi Deridder de nous avoir autorisé à publier des informations concernant un four à raku dont ils sont les auteurs.

Mes remerciements les plus chaleureux s'adressent également à tous les artistes qui ont bien voulu participer à l'élaboration de ce livre en partageant leurs expériences et en prêtant des photos de leurs œuvres. Mon unique regret est de ne pas avoir pu les y associer tous...

Philippe Clérin

L'éditeur remercie ADAM, 11, bd Edgar Quinet, 75015 Paris,
CASSOU, 16 bis, rue d'Odessa, 75015 Paris pour le prêt de matériel,
CÉRADEL, Z.I.N. 17 à 23 rue Frédéric-Bastiat B.P. 1598 -
87022 Limoges Cedex 9.

L'éditeur remercie Viviane Ambre pour le prêt du document de couverture « Offrande ». Ateliers Viviane Ambre, 38, rue Nollet 75017 Paris. Château de Fay 18100 Vierzon.

L'éditeur remercie Édith Buser pour sa collaboration à la rédaction des pages : 9, 11, 12, 13, 20, 21, 38, 40, 56, 57, 72, 73, 80, 81, 106, 107.

Mise en pages : Koalas
Révision : Édith Zha, Régine Turmeau, Madeleine Biaujeaud
Édition : Corinne Booth
Couverture : Anne Jolly - Véronique Laporte
Recherche iconographique : Valérie Vidal
Coordination technique : Christelle Leplard
Photogravure : Nord Compo

© Dessain et Tolra / Larousse 2005, pour la présente édition
© Larousse-Bordas 1998, pour la première édition
Dépôt légal : 1998
ISBN : 978-2-295-00077-4

N° de projet 11005504-722030/02
Imprimé en France en mars 2007 par CLERC S.A.S.
Relié en France par BRUN S.A.

Sommaire

Nicollo dell'Arca,
Pieta.
Vers 1485. Hauteur 165 cm.
Bologne, Pinacoteca Nazionale.

La sculpture : rencontre de tous les arts

Au regard des œuvres que nous proposent aujourd'hui certains artistes, il peut sembler judicieux, si nous voulons tenter une définition de ce qu'est la sculpture, de considérer entre autres celle-ci dans ce qui la rapproche ou l'éloigne des autres arts : le modelé, le volume, ou la polychromie, différents aspects qui seront abordés au long de cet ouvrage. Il est intéressant de noter que, déjà à l'époque de la Préhistoire, on appréhendait parfois les différents moyens d'expression (sculpture, gravure...) d'une façon complémentaire.

Les « Bisons d'argile » en sont une illustration remarquable (voir page 17).

Les premières formes modelées datent de l'époque gravettienne du Paléolithique supérieur (25 000 et 22 000 av. J.-C.) en Europe centrale, où une centaine de petites figurines (Vénus) de 10 cm environ ont été retrouvées. Toutefois, il semble qu'à cette époque, elles aient été assez rares, surtout en Occident. Les « Bisons d'argile » de la grotte du Tuc d'Audoubert (Ariège) datent de 12 000 av. J.-C. environ. Ce sont quatre bisons qui ont été retrouvés dans la dernière salle de la grotte, qui servait peut-être à des cérémonies d'initiation ou des rites de fécondité.

Pour le visiteur qui pénètre dans ce sanctuaire, les deux principaux bisons, un mâle et une femelle, modelés avec soin (les traces de finissage sont d'ailleurs restées nettes), se présentent de dos, dans une perspective fuyante. Ils sont en fait adossés sur la face d'un rocher qui leur sert de support : le mâle, un peu plus massif, semble d'ailleurs chercher à gravir celui-ci. On peut rattacher cette donnée au fait que les hommes du Paléolithique observaient les animaux au moment de la chasse et les représentaient ensuite en pleine action. La faible épaisseur du relief a incité les chercheurs à suggérer qu'ils avaient été « sculptés » au moyen de plaques d'argiles enlevées en bloc puis modelées et lissées à la main à l'endroit où elles se trouvent actuellement. Ces deux bisons pourraient donc s'apparenter à un haut-relief.

En avant du rocher et dans la même direction que les deux précédents, ce qui laisse à penser qu'il faisait partie du même ensemble, un troisième bison, beaucoup plus petit et donc peut-être assimilable à un objet mobilier ou une statuette, a été retrouvé non loin. D'une facture plus grossière, il est dessiné dans l'argile et sa tête est déjà modelée. Cette statuette, qui diffère en cela des autres, devait d'après son aspect actuel être posée debout, donc vue sur les deux faces comme une ronde-bosse.

Enfin, un quatrième bison, qui se dirige toujours dans la même direction mais qui est cette fois-ci gravé, a été également retrouvé près des premiers. S'agissait-il d'une esquisse pour un bas-relief ou pour une statuette ?

Pour être complet, signalons, sur la face opposée de la roche à laquelle sont appuyés les bisons, une petite gravure dont nous ne

Honoré Daumier,
Charles Philippon, ou le Rieur édenté. Terre crue coloriée.15,5 x 13 cm. 1833.
Paris, musée d'Orsay.

connaissons pas actuellement la signification. À la suite de cela, on peut émettre l'hypothèse qu'à cette époque ces différentes façons de travailler la terre (ronde-bosse, haut-relief) et le support (gravure) constituaient bien plusieurs éléments d'un même ensemble. Malheureusement, l'état actuel des recherches ne nous permet pas de connaître les raisons pour lesquelles l'homme magdalénien avait ici recouru à ce travail de modelage, et qui plus est, sous ces différentes formes.

Bien plus tard, à la Renaissance, Michel-Ange (1475 - 1564), dans ses écrits, se définissait comme peintre, sculpteur et architecte. Aux XIXe et XXe siècles, Degas, Gauguin, puis Miró et Matisse ont, eux aussi, ressenti le besoin de travailler de façon complémentaire différents modes d'expression permettant de faire dialoguer les arts entre eux à l'intérieur de chaque œuvre.

Nous évoquerons ici le cas moins connu de Daumier (1808 - 1879), qui fut à la fois peintre, lithographe et sculpteur. Cet artiste est surtout connu pour ses lithographies « caricaturistes », tirant ses sujets, ses portraits de la réalité quotidienne, de l'événement social et politique, scrutant par exemple les mœurs de la société bourgeoise. Or, ses lithographies étaient précisément exécutées à partir de bustes modelés en terre crue puis coloriés. Le réel était transformé avant d'être représenté. Le travail de la terre, et, à travers lui, la recherche du volume lui permirent de donner aux lithographies ce rendu sculptural qu'il souhaitait atteindre, afin de mieux faire ressortir les traits saillants de ses figures. Toutefois, il est intéressant de noter que l'on retrouve également des traces de ses talents de dessinateur dans ses sculptures. Celles-ci étaient pour lui un moyen d'aller au-delà du simple aspect railleur de la caricature et de poser, à travers celle-ci, la question du réalisme, très vive à cette époque, dans son opposition traditionnelle avec l'idéalisme de la sculpture classique notamment.

Dans ce visage personnifiant le rire que nous représentons ci-contre, on a reconnu la personne de Charles Philippon, ami intime de Daumier, et créateur des deux revues, *la Caricature* et *le Charivari.*

Quelles techniques pour la sculpture : le modelage ou la taille ?

Au Ier siècle après J.-C., Pline l'Ancien, dans son *Histoire Naturelle* (premier traité d'histoire de l'art), établissait une distinction entre différents types de sculpture, non pas en des termes de représentation, d'imitation, d'idée mais selon les matériaux : il y avait la *fusoria*, fonte des métaux, la *plastica*, travail de l'argile et de la cire, et la *sculptura*, travail de la pierre.

Ce n'est qu'à partir du XVIe siècle que le terme de sculpture a englobé ces trois définitions, ce qui montre à quel point la taille prédominait à cette époque. Pendant la période archaïque grecque (600 av. J.-C.), les sculpteurs pratiquaient la taille directe en utilisant comme outil la pointe frappée perpendiculairement à la surface de la pierre. Cette technique fruste obligeait le sculpteur à respecter le bloc et le contraignait à retirer le moins possible de matière. Les kouros de cette époque se caractérisent par une posture frontale, assez rigide et pleine de tension. Puis, pendant la période classique (Ve siècle av. J.-C.), les techniques de taille se diversifièrent : le ciseau droit, la gradine et le trépan firent leur apparition. Ces instruments permettaient de creuser la matière plus en profondeur. La virtuosité technique a libéré la taille en la rendant moins tributaire de la forme du bloc. Enfin, lorsque la machine à mettre au point est apparue, l'art de la sculpture en a été bouleversé, puisque, dès lors, il était possible de reproduire, dans un bloc de marbre, toute forme réalisée préalablement par modelage dans un matériau tendre. Concrètement, le sculpteur, modeleur au départ, façonnait une œuvre en argile. Celle-ci était ensuite moulée et reproduite en plâtre. C'est à partir de ce modèle en plâtre que la copie en marbre était réalisée par des ouvriers dont c'était la spécialité : les praticiens. Ces copies, obtenues par des procédés mécaniques fastidieux, manquent souvent d'âme, il faut bien l'avouer.

La question de la prédominance du modelage sur la taille (ou vice versa) est revenue en force pendant la Renaissance et les réponses que certains lui ont apportée ont profondément influencé la sculpture pendant quelques siècles. Michel-Ange avait une nette préférence pour la taille directe, ce qui ne l'empêchait pas de réaliser des esquisses de petite taille ou même des modèles grandeur nature par modelage en terre ou en cire (voir page 72).

Les partisans de la taille arguaient de la difficulté même de leur méthode opératoire pour en inférer de sa supériorité sur le modelage, ce qui ne manquait pas d'irriter les partisans du modelage qui, eux, faisaient valoir la plus grande liberté d'expression autorisée par leur technique. Brancusi (1876 - 1957), bien plus proche de nous, va même jusqu'à établir une hiérarchie entre le modelage et la taille en ces termes :

« L'œuvre d'art exige une grande patience et surtout une lutte acharnée contre les matériaux. On ne peut mener à fond cette lutte que si l'on travaille à la taille directe. Le modelage, c'est plus facile, on peut revenir, corriger, ajouter, changer, tandis que la taille directe exige une confrontation sans merci entre l'artiste et les matériaux qu'il doit asservir. Et là, il faut du métier. Au fond, quand on y pense bien, il n'y a pas eu de grands artistes, il n'y a eu que de grands artisans en sculpture. Et la déchéance de cet art a commencé avec l'abandon de la taille directe, qui permettait au sculpteur de remporter, avec chacune de ses œuvres, sa propre victoire sur les matériaux. »*

Par ailleur, voici ce qu'un chaud partisan du modelage, Jacob Epstein (1880 - 1959), en dit : « Il y a évidemment quelque chose de romantique dans l'idée de la statue emprisonnée dans le bloc de pierre, de l'homme aux prises avec la nature [...]. On pourrait soutenir avec quelque logique, me semble-t-il, que des deux méthodes le modelage est la plus authentiquement créatrice : c'est la création de quelque chose à partir de rien. Dans la taille, l'organisation formelle de l'œuvre est souvent suggérée par la configuration du bloc. De fait, l'inspiration est toujours modifiée par le matériau, l'artiste n'est jamais totalement libre, tandis que dans le modelage il est entièrement libéré de toute entrave autre que les difficultés techniques du sujet qu'il a lui-même choisi. La sculpture, telle que je la conçois, ne doit pas être rigide. Elle doit être frémissante de vie, alors que la taille conduit souvent l'artiste à négliger le flux et le rythme de la vie. » L'histoire de la sculpture est une longue oscillation entre ces deux pôles antagonistes et extrêmes qui sont le reflet de modes de sensibilité totalement différents.

Lorsque le modelage l'emporte sur la taille, les sculptures en pierre sont alors des copies d'œuvres en terre cuite ou en plâtre, réalisées par des techniciens dont c'est la spécialité, les praticiens. Ces copies, réalisées au moyen de procédés mécaniques fastidieux (pantographes) manquent d'âme.

Ce débat n'est-il qu'occidental? Que s'est-il passé sur d'autres continents?

L'exemple de la sculpture africaine nous permet d'observer cette opposition traditionnelle entre taille et modelage.

Très diverse, soumise aux multiples cultures de ce continent, la sculpture africaine présente des « styles » très différents.

On constate tout d'abord que certaines régions semblent s'être spécialisées dans la fabrication de certaines catégories d'objets : orfèvrerie, masques, et dans certaines techniques (le peuple dogon du Mali est surtout connu pour son travail de taille du bois, l'ancien royame du Bénin pour ses bronzes) plutôt que d'autres. En effet, pas moins qu'en Occident, la sculpture africaine est le fruit de la rencontre entre une intention artistique et un matériau choisi en fonction de celle-ci. Or, si l'on a constaté que chez certaines ethnies, des statuettes en bois auraient pu être traitées par exemple dans de l'argile sans subir aucune altération dans leur style, cela est moins vrai dans d'autres cas. Ainsi, les artistes dogons choisissent de travailler le bois parce qu'ils savent qu'ils n'obtiendraient pas le même résultat dans un autre matériau : rigueur et dépouillement, traits qui se retrouvent dans l'esprit de ce peuple, sont contenus dans la vocation du matériau qui résiste.

En outre, certains groupes ethniques semblent avoir pratiqué les deux techniques que sont la taille et le modelage, qui ne sont donc pas forcément exclusives l'une de l'autre. Dans ce cas, ou lorsque dans une région une technique, le modelage, a succédé à une autre, la taille, il ne semble pas que le style ait réellement été modifié. Il serait à ce titre intéressant de pouvoir comparer précisément les types de productions issues de l'une ou l'autre des techniques à l'intérieur d'une région et au sein d'une même tribu. Il faut signaler, d'une façon générale, que si une sculpture, sur bois par exemple peut produire des effets comparables à ceux d'une figure en bronze ou en terre, on trouve en revanche beaucoup plus rarement des figures de terre qui dériveraient de la statuaire sur bois. À côté de la sculpture en bois, qui semble avoir prédominé, l'art africain nous a laissé des objets en terre cuite, creuse le plus souvent, de très grande qualité. La sculpture malienne et plus particulièrement la ville de Djenné, fondée en l'an 800, semble avoir surtout produit du XIIIe au XVIIIe siècle des objets issus d'un travail de modelage : terre cuite (voir page 27), bronze, or, en majorité des représentations humaines associées parfois à des animaux.

* *Aforismele si textele lui Brancusi*, éd Scrisul românesc, 1980.

INTRODUCTION

CARMEN DIONYSE,
Les Éléments. Terre cuite. Hauteur 220 cm. Düsseldorf, 1995.

Le modelage, une activité à contenu symbolique

Dans ses toutes premières manifestations créatrices, l'homme a sans doute utilisé l'argile brute comme substrat. L'empreinte de ses pas dans un sol glaiseux lui ont appris combien ce matériau se prêtait bien au modelage. Il s'en est enduit le corps, à des fins décoratives ou protectrices. Les crânes des ancêtres ont été recouverts d'une fine couche d'argile comme une peau de substitution afin de sauvegarder l'illusion de la vie. Fortement associée au corps, cette matière devait inévitablement devenir le matériau de prédilection de ceux qui avaient pour fonction de représenter la forme humaine.

C'est pourquoi la création d'œuvres en terre cuite est une activité porteuse de sens cachés : parce qu'elle touche à de nombreux symboles. La matière première, l'argile – le limon –, est assimilée aux principes générateurs de la Nature. De la déesse Terre sont issues toutes les formes de vie : elle est le grand réceptacle, la grande matrice. Ce n'est pas pour rien si les premières représentations en argile ont été justement des déesses mères, des Vénus stéatopyges, symboles de fécondité et de renouveau. De nombreux mythes fondateurs voient dans l'homme un modelage d'argile auquel le créateur a insufflé la vie. Le nom « Adam » est probablement dérivé du mot *adamah* qui veut dire « terre » en hébreu.

Dans sa conception même, l'art de la céramique est symbole d'harmonie, car il fait appel aux quatre éléments fondamentaux : la terre, l'eau, l'air et le feu.

La terre fournit l'élément de base, d'origine minérale : l'argile.

L'eau est le médium qui confère à l'argile sa malléabilité. Elle n'intervient qu'au moment de la création, son destin étant de disparaître pour permettre à la forme de se fixer. Le mélange de ces deux éléments peut être assimilé à une fécondation, la terre étant le principe féminin réceptif et l'eau le principe masculin grâce auquel la création a lieu.

L'air favorise l'élimination de l'eau, par la lente opération du séchage.

Le feu va opérer une transmutation spectaculaire du matériau d'origine en lui conférant de nouvelles propriétés : la dureté, la résistance à l'eau, un changement de coloration et d'aspect, de nouvelles propriétés sonores. La transformation subie est irréversible : après la cuisson, l'argile ne pourra plus être réhydratée ni remodelée.

Le céramiste est en ce sens le premier ingénieur chimiste : il crée de nouveaux matériaux – en mélangeant des terres d'origines différentes, par exemple – afin d'obtenir des produits doués de qualités inédites.

Buts et limites de l'ouvrage

Au cours des siècles, les produits céramiques (dérivés de l'argile) se sont énormément diversifiés et, actuellement, une très grande variété de matériaux en découlent, dans des domaines aussi variés que l'architecture, la médecine, la construction de fusées ou l'électronique. Dans cet ouvrage, nous nous limiterons aux applications artistiques des argiles et, de façon encore plus exclusive, à leur usage en sculpture.

Larousse définit la céramique comme étant : « L'art de fabriquer les poteries, fondé sur la propriété des argiles de donner avec l'eau une pâte plastique facile à façonner devenant dure, solide et inaltérable après cuisson. »

Cette définition est certainement trop restrictive puisque l'art de la céramique ne se borne pas à la production de poteries : les expositions de céramique contemporaine le prouvent suffisamment. S'il est vrai qu'une partie des objets exposés a souvent un rapport avec la poterie traditionnelle, une proportion non négligeable d'entre eux a plus à voir avec la sculpture, par les sujets traités et leur détachement résolu de tout contexte utilitaire.

Nous nous intéresserons exclusivement à ce type de créations, en excluant de notre propos la céramique traditionnelle. Notre but n'est pas d'écrire un livre sur la poterie, mais bien de fournir au sculpteur travaillant l'argile un outil de référence. Il ne sera donc pas question de l'usage ni des techniques du tour ni des principes de composition de glaçures élaborées.

Le travail de la terre glaise étant le point de départ obligé de toute approche de la sculpture, cet ouvrage se veut accessible à un large public et destiné, en premier lieu, aux débutants.

L'ouvrage est conçu selon trois axes principaux.

Le premier de ces axes met l'accent sur les données objectives de la technique coroplastique : le choix du matériau, des outils, de la méthode opératoire, les problèmes de séchage et de cuisson, les diverses techniques de coloration et de décoration, enfin, les méthodes d'entretien et de réparation des terres cuites. Cet axe constituera le squelette de l'ouvrage, sa colonne vertébrale, autour de laquelle viendront s'articuler les autres approches.

Le deuxième axe concerne la sculpture en général et tentera de définir quelques notions de base : qu'est-ce que la sculpture, quelles sont ses diverses formes, ses thèmes de prédilection, ses rapports avec les autres arts, etc. Ces textes, relativement courts, feront l'objet d'encadrés afin de bien les isoler du texte principal.

Enfin, le troisième axe a pour but d'illustrer à l'aide de séquences photographiques, les divers problèmes rencontrés dans la pratique. Nous tenons également à donner à nos lecteurs les moyens de réaliser par eux-mêmes quelques éléments d'outillage. C'est ainsi que nous expliquerons, schémas à l'appui, comment réaliser une selle de sculpteur ou un four rudimentaire.

Renonçant à la tentation de retracer les diverses étapes historiques de l'art de la terre cuite (le sujet est trop vaste), nous montrerons, au moyen de photographies et de courtes légendes explicatives, quelles furent les grandes réalisations du passé.

Nous restons par ailleurs fidèle au principe qui a fait le succès de nos précédents ouvrages en présentant un aperçu de la production contemporaine, toutes tendances esthétiques confondues.

Usage de l'argile en sculpture : avantages et inconvénients

Les terres plastiques sont souvent utilisées par le sculpteur pour les grandes libertés d'expression qu'elles autorisent et la délicatesse de modelé qu'elles permettent d'obtenir. L'argile a fréquemment servi de matériau de base pour la réalisation d'esquisses, de projets ; en effet, cette matière quasiment fluide se prête admirablement à la notation d'impressions flottantes ou de concepts. Des effets de surface très variés permettent divers modes d'expression : sculpture épurée aux surfaces lisses et brillantes ou formes expressionnistes à l'aspect brut et rugueux.

La coloration chaude de ce matériau est certainement l'un de ses atouts majeurs. Le plus souvent, les œuvres en terre cuite sont de petites dimensions ou de

Bisons modelés en argile. 15 000 à 8 000 av. J.-C. (paléolithique supérieur.) 69 x 29 x 11 cm. Tuc d'Audoubert, Ariège.

SIMONE COUDERC,
Les Libertés. Hauteur : 1,60 m.
Grès cuit à 1280°C métal, bois. 1997.

taille moyenne. En effet, la réalisation d'œuvres de grande taille, voire monumentales, est difficile, pour des raisons de poids et de fragilité du matériau cru. Il est également peu aisé de cuire de telles pièces et leur exposition à l'extérieur est risquée du fait de leur porosité. Il s'ensuit que la sculpture en terre cuite est tenue un peu en parent pauvre de la sculpture. Il n'empêche que tous les sculpteurs l'ont pratiquée, à un moment ou l'autre de leur carrière et que de nombreux chefs-d'œuvre en sont issus.

Ce matériau présente deux avantages : son coût modéré et le fait qu'il est réutilisable tant qu'il n'a pas subi la cuisson.

La terre cuite s'associe de façon heureuse avec d'autres matériaux, naturels ou non, au sein d'assemblages. La liaison entre éléments peut se faire au moyen de ciments, réfractaires ou non, ou de colles. Parmi ces matériaux, citons : le bois, le verre, le bronze, l'acier, le ciment, l'époxy, etc.

Plusieurs sections d'une sculpture en terre cuite peuvent être cuites séparément puis rassemblées et collées ultérieurement. Cela peut se faire lorsque la sculpture à réaliser est vraiment de grande taille ou bien lorsqu'il n'est pas possible de disposer d'un four de dimension suffisante pour la contenir.

Les terres plastiques peuvent être utilisées comme support transitoire ou comme matériau définitif.

En tant que matériau transitoire, la terre n'est qu'un médium permettant de réaliser facilement une forme destinée à être pérennisée dans un matériau moins fragile ou considéré plus noble, comme le bronze. Une fois moulé, le modèle original en argile peut être détruit. Pratiquement, l'argile est modelée jusqu'à obtention de la forme souhaitée, et celle-ci est ensuite moulée (avec perte ou non du modèle en terre, suivant le type de moule) afin d'obtenir, à partir de ce moule (ou négatif), une copie (ou positif).

Dans le cas où il s'agit d'un moule à usage unique, (moule à creux perdu), le modèle d'argile sera endommagé lors du démoulage. Si l'opération du moulage est mal menée, on risque de perdre à la fois l'original et le moule, ce qui obligera à recommencer tout le travail.

En revanche, si l'on souhaite pouvoir tirer plusieurs copies à partir d'une œuvre originale en terre, il faut réaliser un moule réutilisable (moule à bon creux). La difficulté dans ce cas réside dans la confection de moules souvent longs et fastidieux à réaliser. Lors de la conception de la pièce originale, on n'aura pas à se préoccuper des impératifs de cuisson, mais il faudra alors tenir compte des difficultés du moulage. On aura intérêt à réaliser des formes simples, de dépouille (c'est-à-dire se démoulant facilement, sans risque d'accrochage). Dans le cas de grandes pièces, l'armature de soutien peut rester en place (voir page 59).

En tant que matériau définitif, l'argile sert à réaliser directement une œuvre qui deviendra inaltérable après un séchage complet et une cuisson à température plus ou moins élevée. Cette dernière transforme la matière et la rend dure comme la pierre. Certaines précautions particulières doivent être prises lors du façonnage de la pièce et de son séchage. Pour pouvoir subir la cuisson, il faut que l'argile soit parfaitement débarrassée des poches d'air éventuelles : la pâte doit donc être sérieusement malaxée avant d'être utilisée. L'humidité doit également être éliminée par un séchage lent et profond. D'autre part, il est exclu de laisser une armature rigide à l'intérieur de la sculpture, car, si l'argile se rétracte en séchant et en cuisant, l'armature, elle, ne subit pas un retrait identique. Il s'ensuit des tensions au sein du matériau qui ne peuvent se résoudre que par des fissures plus ou moins profondes. Les pièces qui doivent subir la cuisson sont donc montées sans armature ou, si cette dernière est vraiment indispensable, il faut l'éliminer avant le séchage complet de la pièce.

On peut aussi utiliser comme armature des matériaux combustibles (et compressibles lors du séchage) qui s'éliminent d'eux-mêmes lors de la cuisson (papier, ficelle, tissu, paille, etc.). Si la pièce modelée dépasse une certaine épaisseur, il faut évider celle-ci selon des modalités que nous préciserons plus loin.

Lorsque son travail doit répondre à des impératifs de dimensions stricts, le sculpteur doit prévoir l'importance du retrait qui surviendra lors du séchage et de la cuisson, et donc compenser celui-ci en augmentant les dimensions de la pièce proportionnellement au retrait.

Myriam Delahoux,
La Danse des appalooses. Terre sur métal, patinée avec des engobes (sigilée) avant cuisson. 72 x 130 x 64 cm. 1997.

Myriam Delahoux prouve par sa grande maîtrise technique qu'une règle générale ne doit jamais être suivie de façon trop rigoureuse.

En effet, sa série des chevaux est construite sur armature métallique et cuite de façon très prudente à 1200°. Cette cuisson est possible à condition d'utiliser une terre très chamottée et un acier très résistant au nickel-chrome.

La dimension de la sculpture en terre

On a souvent tendance à associer la sculpture en terre à des œuvres de petites dimensions, vases, figurines, etc. Cela pourrait en partie s'expliquer par le fait que certains pays, et à certaines époques, ne considéraient pas la terre comme une matière suffisamment noble pour exécuter une sculpture monumentale, mais aussi pour des raisons techniques, géologiques. D'autres civilisations semblent au contraire avoir utilisé l'argile pour des œuvres de grandes dimensions et de grande importance.

Chine. Armée en terre cuite. Hauteur de 1,75 m à 1,98 m.

Outre l'architecture en terre que nous ont laissée certaines villes, au Moyen-Orient antique et en Afrique notamment, on pourrait citer le cas de la fameuse armée en terre cuite peinte (ci-dessus) retrouvée à côté de la tombe de l'empereur Qin Shi Huang (Chine - 259 à 210 av. J.-C.) qui l'accompagnait dans l'au-delà. Cette armée colossale était constituée de milliers de soldats tous différents, de chevaux et de chars en terre cuite et en bronze (poterie, objets funéraires...).

Un exemple de la sculpture étrusque, et plus précisément l'un de ses chefs-d'œuvre en terre cuite ci-contre, est une preuve, s'il en faut, d'une part que l'on peut produire des œuvres de grandes dimensions à partir de l'argile (qui se sont relativement bien conservées), et d'autre part que la terre n'a pas toujours été considérée comme un matériau « pauvre » et a permis de produire des œuvres de grande qualité. Une hiérarchie des œuvres en fonction du matériau reste idélogique et n'a donc que peu de pertinence, la poterie de certaines époques était travaillée avec minutie et intelligence (coupes mésopotamiennes, vases grecs, etc.).

Chef-d'œuvre de cet art, le sarcophage des époux de Caere (Étrurie méridionale, vers 530-520) présente un couple de défunts, grandeur nature, formant le couvercle, à demi étendu en position de banqueteurs sur un lit qui constitue la cuve. L'homme appuie son bras sur l'épaule de sa compagne, qui verse du parfum dans la main tendue de son mari. La composition semble chercher à souligner le dialogue entre la partie « morte » des époux (allongement linéaire des jambes formant corps avec le sarcophage) et le volume des bustes redressés et actifs.

La question du point de vue, fondamentale en sculpture, est subtilement évoquée. L'impression de frontalité n'est qu'apparente : les deux bustes ne sont pas dans le même plan et les bras, audacieusement détachés, évoluent dans plusieurs directions et selon les points de vue, l'accent est mis sur des éléments différents. Modelés à main libre, dans une argile grossière contenant 30% de sable pour augmenter sa résistance, couvercle et cuve ont été coupés transversalement pour limiter les risques de casse. Les mains ont été sculptées dans une argile plus malléable, d'après un même modèle (la position des doigts est semblable pour les trois mains conservées). Ajustées à l'avant-bras par un tenon, c'est leur orientation qui traduit les gestes différents. Après lissage au bâton puis séchage, les quatre pièces ont été recouvertes d'une mince couche d'argile épurée, puis peintes au pinceau avant la cuisson. Pour terminer cette observation, notons que la polychromie est assurée au moyen de couleurs simples, uniformément posées, avec une absence totale de nuances dans les tons : rouge pour la peau de l'homme, blanc pour celle de la femme, cheveux noirs, tunique et manteaux oranges, couverture à raies brunes (voir l'encadré sur la polychromie page 80). Les pièces ont été cuites ensemble dans un vaste four, car les conditions de température (plus de 650°C) devaient être les mêmes pour que le retrait produit soit identique.

Art étrusque, Sarcophage des époux de Caere.
Terre cuite. 134 x 111 x 69,5 cm. VIe siècle av. J.-C.
Paris, musée du Louvre.

LE MATÉRIAU

L'argile crue : origine, variétés, composition

L'argile est fort répandue à la surface de la Terre. Elle provient de la désagrégation des roches ignées (le granite, le gneiss, le feldspath) et métamorphiques qui prédominent dans la croûte terrestre.

Les granites, soumis à l'action des éléments (fumerolles volcaniques, gaz brûlants, gel, pluie, vent) se réduisent en éléments plus petits, composés en majorité de particules de silicate hydraté d'aluminium (ou kaolinite) qui forment le constituant de base de l'argile.

À l'état pur, la kaolinite ($Al_2 SI_2 O_5 (OH)_4$) est l'ingrédient principal de la porcelaine blanche.

Mais la kaolinite est le plus souvent contaminée par de nombreuses impuretés : oxydes de fer, calcaires, quartz, etc., qui abaissent son point de fusion et altèrent sa coloration. Le kaolin est constitué de lamelles hexagonales aplaties d'environ 1 micron de large, empilées les unes sur les autres.

Les roches basaltiques – d'origine éruptive – donnent naissance, par dégradation, aux montmorillonites, qui contiennent plus de silice que le kaolin. Elles renferment aussi d'autres oxydes (de magnésium, de sodium, de fer et de calcium). Les cristaux sont très petits et désordonnés et rendent compte de la grande plasticité du matériau.

L'illite, quant à elle, dérive principalement des micas et est très riche en potassium.

On classifie les terres argileuses en deux grandes catégories, suivant leur origine :

- les argiles primaires, ou résiduelles,
- les argiles secondaires, ou transportées.

Les argiles primaires se trouvent là où elles ont été formées, au sein de roches-mères, sous forme de poches irrégulières. Ces argiles sont assez grossières et peu plastiques. La porcelaine blanche en est un exemple (98 % de kaolinite), ou encore la bentonite, qui provient de cendres volcaniques.

Les argiles secondaires sont des argiles qui ont été transportées plus ou moins loin de leur site d'origine, par l'eau, la glace ou le vent. Les particules qui constituent ces argiles sont plus petites et le processus de sédimentation fait que les plus fines d'entre elles se déposent en dernier lieu au fond des lacs, des mers ou des rivières.

La composition de ces argiles varie fortement en fonction des matériaux qui les ont accompagnées pendant leur migration : des oxydes, des micas, des quartz, des particules organiques, des squelettes d'animaux microscopiques, etc. Ce sont les oxydes qui sont responsables des colorations variées de ces terres. La finesse des particules explique la grande plasticité de ces argiles (ball clay).

Constitution microscopique de l'argile

Le secret de la plasticité de l'argile réside dans sa structure intime. L'argile est constituée de très petites particules aplaties – de l'ordre du micron ou millième de millimètre – qui ont la propriété d'absorber l'eau, ce qui signifie que l'eau a tendance à former un manchon autour de celles-ci. La liaison entre l'eau et les particules d'argile est de type faible, ce qui leur permet de bouger les unes par rapport aux autres sous l'effet d'une force (la pression des doigts, par exemple). Lorsque cette force cesse d'agir, les particules restent à leur place, autrement dit, l'argile garde sa forme.

Lorsque l'eau qui sert de lubrifiant entre les lamelles d'argile s'évapore, l'espace qui les sépare diminue et les forces de friction les empêchent de bouger les unes par rapport aux autres. La motte de terre se rétrécit en se desséchant et cesse d'être plastique.

D'une façon générale, plus les particules d'argile sont fines, plus importante est la quantité d'eau absorbée et plus grande est la plasticité du matériau. Il s'ensuit également que le retrait est plus important une fois cette eau évaporée.

Si on étale sur un axe les argiles en fonction de la grosseur de leurs particules constitutives, on trouve, à l'une des extrémités, la « ball clay », qui est très fine, très plastique (voire même collante) et qui se fissure facilement au séchage et à la cuisson, et, à l'autre extrémité, le kaolin, peu plastique (voir tableau page 47).

Les particules d'argile, couvertes d'eau, sont dotées d'une forte charge électrique négative. La présence d'ions hydroxyles dans l'eau – eux-mêmes chargés négativement – empêche la coagulation des particules d'argile tandis que les ions hydrogènes (apportés par les acides) vont provoquer la coagulation et la floculation de l'argile. Les matériaux acides (l'humus, par exemple) ajoutés à la terre la rendent plus plastique.

À l'inverse, une terre excessivement plastique peut être améliorée en y ajoutant notamment du bicarbonate de soude.

Schéma de particules d'argile en interaction avec les autres, à l'état sec et à l'état humide

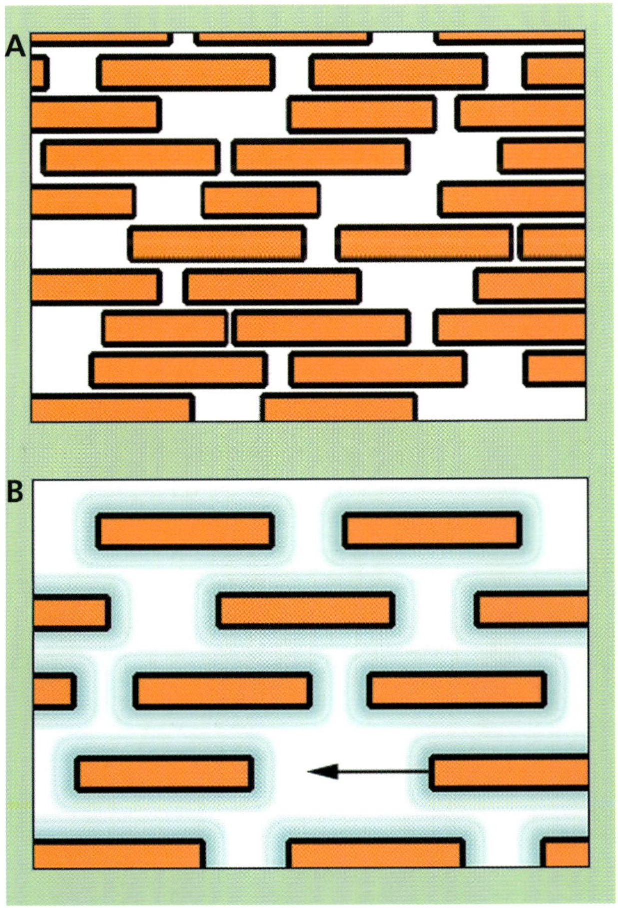

En A : à l'état sec, les lamelles d'argile sont en contact et les forces de frottement empêchent leurs mouvements.

En B : à l'état humide, les lamelles d'argile sont entourées d'un manchon de molécules d'eau qui agissent comme un lubrifiant favorisant les mouvements latéraux. Cela explique la plasticité du matériau.

Les pâtes

Pour être utilisable par l'artisan, une terre à modeler doit être constituée d'une argile de base (le constituant plastique), d'une charge et d'un fondant.

- L'argile est le constituant plastique qui permet le façonnage du produit céramique.
- La charge permet à la forme de se conserver pendant la cuisson.
- Le fondant contrôle le point de fusion pendant la cuisson.

L'ensemble de ces trois constituants forme la pâte, de composition très variable suivant l'usage qu'il en sera fait. Lorsque sa plasticité est excessive, on dit que l'argile est trop grasse. On lui incorpore alors des dégraissants qui, par leur inertie, diminuent la malléabilité du mélange (sable quartzeux) mais augmentent la résistance à la cuisson.

Philippe Clérin,
Ville rose. Terre chamottée rose.
50 x 41 x 37 cm. 1995.

Après que ce mélange a été réalisé, il faut faire subir à la pâte des traitements de maturation artificiels : broyage, tamisage, clarification, déshydratation, pétrissage et pilonnage.

Les caractéristiques de l'argile dépendent essentiellement de ses éléments constituants.

L'argile est constituée de très petites lamelles, associées à des particules plus grosses (généralement des fragments de feldspath ou de quartz) et à des matières organiques. Les bactéries également présentes dans l'argile produisent des matières colloïdales qui contribuent aussi à sa plasticité.

Les impuretés, en petite quantité, définissent le type de la terre et son usage. Deux ou plusieurs variétés d'argiles sont souvent mélangées afin de produire une matière aux qualités physiques optimales.

Les constituants plastiques

On distingue les argiles pures, les argiles réfractaires, les marnes et argiles sédimentaires, la ball clay, la bentonite.

Les argiles pures (kaolinite : $2SiO_2$, Al_2O_3, $2H_2O$) sont blanches et fondent à très haute température (vers 1 800 °C). Ces argiles sont peu malléables. Le kaolin entre dans la composition de la porcelaine dure et en constitue l'ossature réfractaire.

Les argiles réfractaires ne contiennent qu'accidentellement des corps étrangers et prennent une couleur blanche ou jaunâtre après la cuisson (vers 1 500 °C). Ces argiles sont principalement utilisées pour la réalisation de fours et de matériel d'enfournement (plaques, pernettes, etc.). Leurs propriétés réfractaires leur ont valu le nom de « terres à feu ».

Les marnes et argiles sédimentaires sont les argiles les moins pures. Elles sont grises, bleues, jaunes ou verdâtres et cuisent vers 1 100 °C. Leur grande plasticité en fait un matériau de choix pour le modelage. On les appelle communément « terres glaises ».

La ball clay et la bentonite sont des terres très grasses et très plastiques qu'on ajoute aux argiles manquant de plasticité.

Les charges

L'argile commune peut être additionnée de divers éléments minéraux ou organiques afin d'en modifier les propriétés. Certains éléments la rendent plus réfractaire. On peut utiliser d'autres substances pour obtenir ou aérer la pâte, d'autres encore pour en modifier la coloration.

La silice (SiO_2) se présente sous forme amorphe dans le sable ou sous forme cristalline dans le quartz.

Le sable rend la terre plus réfractaire en la dégraissant. Ajouté en fortes proportions, il permet d'obtenir une surface granuleuse et ouverte. On peut se contenter d'appliquer le sable uniquement en surface , si on désire donner à sa pièce un aspect rude.

Le quartz est utilisé pour diminuer le retrait et prévenir les fissures, pour aérer la pâte ou encore pour la rendre plus réfractaire. La silice s'extrait du grès très finement broyé ou du silex calciné et broyé.

La chamotte, terre cuite pulvérisée, confère à l'argile à laquelle on l'ajoute un aspect plus granuleux, tout en dégraissant la pâte et en l'aérant. On peut se procurer dans le commerce de la terre chamottée, dont la grosseur du grain est bien définie, ou bien en préparer soi-même à partir de déchets de terre cuite concassés. La chamotte rend la terre moins collante, diminue son retrait et la rend plus réfractaire.

Des oxydes métalliques servent à modifier la coloration de la terre, l'oxyde de fer étant le plus largement utilisé.

Des substances organiques comme la paille ou la filasse de chanvre renforcent le matériau à l'état humide. Elles sont conseillées pour la réalisation de pièces de grande taille. Au cours de la cuisson, ces substances se carbonisent en laissant des vides et un résidu noir. La sciure de bois, le son, l'amidon sont des agents allégeants qui donnent un tesson poreux.

Rodin,
Balzac, esquisse vêtue. Terre cuite.
18 x 10,5 x 11 cm. Paris, musée Rodin.

Les fondants

Les fondants, en formant des liquides visqueux à haute température, abaissent le point de fusion de la pâte. Lors du refroidissement, ils se combinent avec d'autres matériaux comme le quartz en formant des composés vitreux.

Le feldspath est formé de particules qui fondent en formant une sorte de ciment vitreux. Ce ciment unit entre elles les particules d'argile en conférant de la dureté au matériau. Le feldspath augmente le retrait de la pâte lors de la cuisson. On le trouve au sein du granite, dont il constitue 60 %, sous forme de cristaux blancs carrés. Il est vendu en poudre dans le commerce.

Le talc, $Mg_3\ Si_4\ O_{10}\ (OH)_2$ silicate de magnésium, confère une grande résistance thermique au tesson.

Tests et préparation des pâtes

Le choix du matériau en fonction des besoins

Une terre plastique digne de ce nom doit posséder deux propriétés de base importantes : elle doit évidemment, comme son nom l'indique, être plastique, c'est-à-dire être capable de prendre aisément la forme que lui imprime le sculpteur avec ses doigts et ses outils, et, de plus, elle doit être douée d'une certaine porosité, sans quoi il lui serait impossible de sécher en profondeur. La terre à modeler peut s'obtenir de diverses façons. On peut rechercher des filons naturels d'argile native et exploiter ceux-ci, ce qui est très économique financièrement parlant mais exige pas mal de travail (recherche du gisement, tests divers, récolte et enlèvement de l'argile, préparation, maturation, etc.).

Si on est pressé, le plus simple est de s'adresser à un fournisseur de matériaux céramiques qui vend des pains d'argile prêts à l'emploi (sacs de 10 kg) ou des poudres auxquelles il n'y a plus qu'à ajouter de l'eau.

Les pâtes préparées à partir de matériaux secs en poudre

Ce procédé de préparation de la pâte est plus onéreux mais permet d'économiser pas mal de temps et d'efforts. Il permet également, à partir d'éléments distincts, de préparer la pâte qui doit répondre exactement à certaines exigences.

Avant de préparer de grandes quantités de mélange, il est conseillé de faire des tests avec de petites quantités de constituants afin de déterminer la proportion idéale pour l'usage projeté.

La manipulation des constituants secs et pulvérulents peut être préjudiciable à la santé (danger de silicose). Il est donc recommandé de porter un masque bucco-nasal pendant ces opérations.

Les divers constituants secs sont mélangés dans un grand récipient en plastique (poubelle par exemple) avec excès d'eau. Le mélange peut se faire à la main ou avec un mélangeur électrique. Si on dispose de beaucoup de place, on peut utiliser un ancien pétrin de boulanger. Après décantation, l'excédent d'eau est siphonné et la pâte liquide étendue sur de grandes surfaces absorbantes (de plâtre par exemple). Lorsque le mélange a épaissi suffisamment pour pouvoir être manipulé, on le malaxe et on le stocke jusqu'au moment de l'utilisation.

*Japon.
Terre cuite représentant une « haniwa » - (période Sue, VIe-VIIe siècle) Provenance de Ibaragi.
Rome, musée d'Art oriental.*

Composition d'une pâte à porcelaine :

Kaolin	5 parts
Feldspath	3 parts
Silex	2 parts

(d'après D. Rhodes)

Composition d'une terre à raku :

Terre à grès	30 parts
Terre à feu (argile réfractaire)	25 parts
Ball clay	15 parts
Feldspath	5 parts
Silex	5 parts
Chamotte	20 parts

(d'après D. Rhodes)

Composition d'une terre à grès :

Grès	40 parts
Ball clay	20 parts
Argile réfractaire	20 parts
Flint	10 parts
Chamotte	10 parts

Composition d'une pâte pour la sculpture :

Silex	25 parts
Feldspath	32 parts
Néphélite-syénite	4 parts
Kaolin	21 parts
Ball clay	18 parts

Mali, Djenné. Statue féminine. Terre cuite. Hauteur : 36,5 cm. XIIe-XIVe siècle. Paris, musée des Arts africains et océaniens. Il faut noter le caractère spéctaculaire de l'attitude de cette femme : tête tournée à 90 °, jambe repliée et mise en relief de certains éléments tels que les différentes scarifications.

Les argiles natives

Il y a de nombreux dépôts naturels d'argile qui correspondent aux exigences de malléabilité et de porosité mentionnées plus haut. Certains d'entre eux sont situés en-dessous de la surface du sol, mais de nombreux autres sites en plein air sont disponibles. Les hommes du terrain (fermiers, terrassiers, etc.) peuvent vous indiquer des endroits adéquats. Là où des saignées ont été réalisées dans la couverture superficielle du sol, sur des chantiers, le long d'autoroutes en construction, par exemple, on aura la possibilité de découvrir des filons d'accès facile. Un terrain argileux se reconnaît à son aspect craquelé à l'état sec, et par son caractère collant et gras à l'état mouillé. On préférera les sols à larges craquelures hexagonales aux terrains à craquelures plus fines et trop friables, souvent contaminés par une trop grande quantité de sable. Un premier test vous permettra de déterminer si la terre en question convient ou non. À partir d'un petit échantillon de terre, formez une boulette dans le creux de votre main. Ajoutez-y un peu d'eau et malaxez. Si l'échantillon prend la forme d'une boulette collante et visqueuse, c'est bon signe. En ajoutant encore un peu d'eau et en frottant la boue ainsi formée entre le pouce et l'index, vous devez avoir une sensation glissante et savonneuse. Si c'est le cas, vous êtes en présence d'argile utilisable.

La terre plastique brute doit souvent être débarrassée de ses impuretés pour pouvoir être utilisée à des fins artistiques ou artisanales. L'apparence de cette terre est celle d'une masse à texture compacte, de couleur variable. Pour la sculpture, les variétés de couleur claire sont préférables aux variétés foncées, car le modelé est plus apparent lorsqu'on utilise une matière claire.

La présence d'impuretés est souvent suggérée par la présence d'écume ou de taches blanchâtres, en surface.

GÉRARD LUTZ,
Objets. Grès, glaçures, oxydes. Diamètre : à gauche 10 cm, à droite 14 cm. 1987.

Cela est parfois déjà visible sur le terrain, mais ce n'est pas toujours le cas. Pour en être vraiment sûr, prenez un petit échantillon, mouillez-le et laissez-le sécher. Si de l'écume ou une décoloration de la surface apparaît, il vaut mieux éviter d'utiliser cette terre, trop riche en impuretés.

Quelques tests à faire subir à une argile inconnue avant de l'utiliser

Test du contenu en chaux : une argile contenant de la chaux est tout à fait impropre à la cuisson, car la chaux cuite se transforme en oxyde de calcium qui, en présence d'eau (ou simplement d'humidité), gonfle et provoque des craquelures. Pour détecter la présence de chaux, il suffit d'introduire un petit échantillon de terre dans un tube à essai contenant de l'acide chlorhydrique dilué à 50 ou 25 %. Si des bulles se dégagent de façon importante de l'échantillon, cela signifie qu'il contient trop de chaux.

Impuretés granulaires : si de trop grandes quantités de sable ou de cailloux sont présentes dans l'argile, il est important de s'en débarrasser le plus possible par tamisage. Si la proportion de sable ne dépasse pas 25 %, la terre peut être utilisée pour autant qu'on élimine les grains les plus gros. Une certaine quantité de sable est même utile, car elle favorise le séchage de la pâte. Un excès de sable, en revanche, amoindrit les propriétés d'adhérence de l'argile.

Test des impuretés organiques : en dessous d'un certain niveau, la présence de matières organiques en décomposition ne constitue pas un handicap. Un excès de ces substances peut provoquer des retraits excessifs. Les matières organiques confèrent à l'argile qui les contient une consistance collante et une coloration foncée, brune, verte ou noire.

Test de couleur : la coloration naturelle des argiles varie fortement suivant leur composition et surtout selon les impuretés diverses qu'elles contiennent. Ces colorations naturelles sont les gris plus ou moins clairs, les ocres, les jaunes, les rouges, les bruns, les roses, les chamois, les verts, le noir et le blanc. Il existe des dépôts de couleurs mélangées, d'aspect marbré. Les colorations des argiles révèlent la présence en leur sein d'oxydes métalliques, de fer le plus souvent (tons rouges, bruns, rouille), ou d'éléments organiques (tons verts et noirs). Le contenu en fer varie entre 2 et 5 %, en général. Ces argiles foncées, riches en fer, conviennent bien pour des cuissons à basse température. Plus les argiles sont claires, plus elles peuvent être cuites à haute température. En revanche, elles seront moins malléables et moins plastiques que les terres foncées.

Test de plasticité : pour avoir une idée du degré de plasticité d'une argile, prenez un échantillon bien mouillé, faites-en un rouleau de l'épaisseur d'un crayon, et mettez-le autour d'un doigt. Si cet anneau d'argile ne présente pas ou peu de fentes, on peut considérer que cette argile est douée d'une bonne plasticité. Si des craquelures moyennes surviennent pendant l'enroulement

Kees Hoogendam,
Pot mural en terre cuite. 55 x 42 cm. 1996.

du colombin, on peut encore augmenter la plasticité de la pâte en y ajoutant de l'argile très foncée, de grande plasticité, ou en laissant reposer l'argile pendant quelques semaines.

Second test de plasticité : ce test consiste à mesurer la quantité d'eau nécessaire pour rendre plastique une masse d'argile sèche. Dans un mortier, on réduit en poudre 100 g de terre parfaitement sèche, et on ajoute de l'eau cm^3 par cm^3, en remuant constamment la masse de terre pendant cette opération. On ajoute ces unités d'eau jusqu'à obtention d'une argile ayant la plasticité requise. Les terres les plus plastiques demandent proportionnellement plus d'eau que celles qui le sont moins. Si 38 g d'eau ont été ajoutés, cela veut donc dire que cette terre a absorbé 38 % d'eau. Une argile n'absorbant que 25 % d'eau, ou moins, n'est pas assez plastique. Par contre, lorsque l'argile absorbe plus de 40 % d'eau, elle est trop collante pour le modelage. L'absorption optimale se situe entre 35 et 40 % d'eau.

Test de retrait : ce test consiste à déterminer le taux de rétrécissement d'une terre lors de son séchage ou de sa cuisson. On pétrit de petits morceaux de pâte et on y découpe des bandes de 10 cm de longueur, sur lesquelles on trace des lignes correspondant aux graduations d'un double décimètre. On laisse sécher parfaitement cette bande et, généralement, on constate qu'elle a rétréci de 4 à 6 mm, donc de 4 à 6 %. Pour tester le retrait à la cuisson, on procède de même, puis on cuit la bande à la température de cuisson habituelle et on mesure le rétrécissement de la bande : il est cette fois-ci plus important, environ 8 à 10 %.

Évaluation de perte de poids au séchage et à la cuisson : il peut être utile d'avoir une idée du poids de la sculpture après séchage et après cuisson. La perte de poids d'une masse d'argile correspond à la quantité d'eau qui s'évapore au cours de ces processus.

En moyenne, une masse d'argile prête à l'emploi a perdu, après un séchage complet, environ 35 % de son poids. Cette perte correspond au poids de l'eau libre située entre les particules d'argile. Au cours de la cuisson, l'argile perd encore 14 % de son poids initial. À partir de 100 °C, l'eau hygrométrique liée de façon physico-chimique à la surface des lamelles d'argile s'évapore. Aux environs de 350 °C, c'est l'eau de constitution de l'argile (c'est-à-dire l'eau contenue dans la molécule même) qui est éliminée.

En résumé, il faut retenir qu'une masse d'argile prête à l'emploi contient environ un quart de son poids en eau.

Test de porosité de la terre cuite : la porosité relative d'une terre cuite est déterminée en mesurant la quantité d'eau qu'elle a absorbée après avoir été plongée dans de l'eau bouillante pendant une heure et y être restée immergée pendant 24 heures. Pour calculer la porosité relative (x %) d'une pièce, on applique la formule suivante :

$$\frac{\textit{poids après hydratation} - \textit{poids à la sortie du four}}{\textit{poids à la sortie du four}} \times 100 = x\ \%.$$

Différentes bandes d'argiles de 10 cm de long, avant et après cuisson. Notez le retrait de l'argile et la modification de la coloration.

Préparation de la pâte

Les argiles natives ne sont pas très difficiles à préparer. On rencontre parfois des dépôts si purs qu'ils ne nécessitent rien d'autre qu'une addition d'eau pour être utilisés. Néanmoins, dans la plupart des cas, il est préférable de suivre la procédure indiquée ci-dessous.

Technique de nettoyage et de préparation de la pâte : on laisse d'abord sécher complètement l'argile à préparer, processus qui prend une semaine ou deux. Les éléments étrangers les plus visibles (graviers, feuilles, racines, brindilles) sont retirés à la main. On concasse ensuite la terre le plus finement possible à l'aide d'un maillet en bois et on la met dans une bassine ou une poubelle en plastique. Les récipients en métal sont à proscrire totalement à cause de l'oxydation qui risque de survenir et de la contamination de l'argile qui en résulterait.

L'opération suivante consiste à recouvrir l'argile d'eau, en ayant soin de faire couler celle-ci le long de la paroi afin qu'elle se dépose au fond de la bassine (pour éviter que l'argile hydratée en surface ne forme un film imperméable qui empêcherait la pénétration de l'eau dans des couches plus profondes). Il faut alors attendre quelques heures (une nuit) que l'argile soit bien détrempée. Avec les argiles très fines, ce processus peut prendre deux jours, ou même plus. À la fin, les grumeaux de terre doivent être bien dissous. Pour s'en assurer, on remue le mélange avec les mains de façon à lui donner une consistance crémeuse homogène. Il est possible aussi d'utiliser des machines à mixer. La « barbotine » ainsi obtenue est passée dans un tamis à trame assez fine, ce qui élimine les grosses impuretés (cailloux, herbes, etc.).

Si la terre contient trop de sable, on essayera d'en éliminer l'excès en remuant vigoureusement la barbotine et en rajoutant éventuellement de l'eau. Laissez reposer ensuite pendant environ une demi-minute. Les particules de sable se déposent les premières, étant plus lourdes. Vous pouvez alors transvaser délicatement la barbotine dans un autre bassin (elle doit être remuée le moins possible).

On retire le dépôt sableux qui encrasse le fond du premier bassin et on recommence l'opération plusieurs fois si nécessaire.

1. Mettez l'argile à sécher sur un linge puis concassez-la à l'aide d'un maillet de bois.

2. À l'aide du linge plié qui sert d'entonnoir, versez l'argile pulvérulente dans un seau.

3. Ajoutez de l'eau à l'aide d'une baguette métallique, creusez des galeries verticales dans l'argile afin de favoriser la pénétration de l'eau en profondeur.

Le mélange est laissé au repos pendant toute une nuit et, le lendemain, l'excès d'eau est siphonné afin d'être éliminé. Si la pâte est encore trop collante, ce qui sera probablement le cas, on l'étale sur de grandes plaques de plâtre épaisses, afin de la raffermir (le plâtre agit comme un buvard en absorbant l'eau). On enlève l'argile des plaques de plâtre lorsqu'elle peut être retirée sans coller aux mains. À ce stade, il est encore possible d'éliminer l'humidité excédentaire en plaçant l'argile dans des linges ou de la toile jusqu'à ce qu'elle ait atteint le degré de malléabilité souhaité. On peut soit utiliser la terre immédiatement, soit la laisser vieillir à l'abri de l'air pendant deux ou trois semaines, ce qui augmentera encore sa plasticité.

À ce stade, il est recommandé d'effectuer quelques tests de cuisson afin de voir comment l'argile réagit au feu et d'apporter éventuellement des modifications dans sa composition.

Le premier test consiste à déterminer quelle température l'argile peut supporter.

On commence par réaliser un petit pot en argile que l'on sèche et que l'on cuit à 1 020 °C. Après refroidissement du pot, on laisse tomber quelques gouttes d'eau à sa surface et on observe la vitesse d'absorption de l'eau. Si celle-ci est très rapide, il est probable que la pièce peut supporter un plus grand feu. Une confirmation supplémentaire est donnée par le test de la rayure. Avec un outil en métal aiguisé, rayez le dessous du pot en appuyant peu avec l'outil. Si le pot se raye facilement, c'est un indice supplémentaire de sous-cuisson. Il faut alors recuire le même pot à une température plus élevée, en utilisant un numéro de cône supérieur d'une unité, et recommencer les deux tests précédents. S'il s'avère que la porosité et la friabilité sont à nouveau excessives, recuisez de nouveau à plus haute température, et ainsi de suite jusqu'à ce que les tests soient négatifs ou que le pot commence à montrer de légères déformations ou des boursouflures. Lorsque le pot se raye difficilement et qu'il présente peu d'absorption, vous avez atteint la bonne température de cuisson.

Voici une autre méthode pour tester les terres de façon encore plus rigoureuse.

À l'aide d'un rouleau à pâtisserie, étalez une plaque d'argile d'environ 1,3 cm d'épaisseur. Découpez des bandes de 2,5 cm de large sur 25 cm de long, indiquez également le numéro de cône auquel elles seront cuites. Lorsqu'on utilise des argiles différentes, on grave égale-

4. Au bout de 24 heures, la terre est gorgée d'eau. Éliminez alors l'excès d'eau.

5. Pour retirer l'eau en excès, étalez l'argile mouillée sur des linges en coton, enroulez-la et malaxez-la à l'intérieur des replis du tissu.

6. Malaxez la pâte de facon à l'homogénéiser puis étalez-la à nouveau sur une plaque de plâtre bien sèche et retournez-la au bout de quelques heures.

ment avec un objet pointu des signes de reconnaissance sur chaque bande. On laisse sécher ces bandes pendant quelques jours puis on les installe dans le four en les déposant perpendiculairement sur deux briques éloignées de 20 cm environ (la bande n'étant pas soutenue en son centre). On réalise une première cuisson à 1 020 °C. Après cuisson, on observe les barres : y a-t-il un signe d'effondrement de la barre dans sa partie centrale ? Si c'est le cas, on a dépassé la température de maturation de la valeur d'une unité de cône. Sinon, on peut effectuer un nouveau test de cuisson à température plus élevée (1 060 °C par exemple). On utilisera aussi les tests d'absorption de l'eau et de rayure expliqués plus haut. On mesurera également la longueur de la barre après cuisson pour déterminer la valeur du retrait. Si, après cuisson, la barre ne mesure plus que 22,5 cm, elle a subi un retrait de 2,5 cm, ce qui, en pourcentage, représente 10 % de la longueur initiale. On notera également la couleur de chaque échantillon après chaque cuisson. Tous ces éléments seront notés dans un cahier de cuisson destiné à conserver toutes les informations utiles pour un usage ultérieur.

Anne Bulliot,
Sans titre. Terre polie, biscuitée, enfumée. 28 x 32 x 28 cm. 1996.

Ajustements et améliorations d'une argile native

Parmi les argiles natives que vous aurez testées, certaines vous plairont par certains aspects mais présenteront des défauts auxquels vous aimeriez remédier. On peut effectuer des ajustements sur cinq points :

La couleur. Pour modifier la coloration d'argiles, on peut y ajouter de petites quantités d'oxydes. Pour foncer une terre trop claire, on lui ajoutera de petites quantités d'oxydes de fer, de manganèse ou de nickel, ou bien du rutile ou de l'ilménite. De l'oxyde de cobalt en proportion réduite (0,5 % au maximum) peut être additionné à chacun des oxydes précédents pour donner des tonalités plus subtiles.

Pour éclaircir une argile que l'on trouve trop foncée, on la mélangera à une certaine proportion (ne dépassant pas 25 %) de terre de coloration plus claire, à des ball clays ou à des terres donnant un biscuit blanc.

La texture. L'addition de chamotte ou de sable confère à la pâte une texture plus rugueuse, ce qui est particulièrement recommandé pour la réalisation de grandes sculptures dont l'épaisseur des parois dépasse 2,5 cm. De plus, cela permet d'éviter les déformations, les craquelures et les explosions dues à un séchage insuffisant. En effet, les particules favorisent le drainage de l'eau hors de la pâte lors du séchage. En général, on ajoute entre 20 et 30 % de chamotte, on peut même aller jusqu'à 40 %.

Pour obtenir une pâte à texture plus lisse, on doit passer la barbotine à travers un tamis fin.

La plasticité. On peut l'augmenter en procédant d'une des façons suivantes :

- en ajoutant une terre plus plastique, riche en éléments organiques et ce, jusqu'à 50 %. Mais cela peut causer des craquelures lors du séchage et de la cuisson ;

- en ajoutant 2 % de bentonite par poids d'argile sèche. La bentonite est une argile extrêmement plastique, formée par la décomposition de cendres volcaniques et de verre ;

- en ajoutant de 5 à 20 % de ball clay, ce qui peut également provoquer des craquelures ;

- en ajoutant un mélange de bentonite et de ball clay où la proportion de bentonite n'excédera pas 2 % et où l'ensemble des additifs ne dépassera pas la proportion de 25 % ;

- en laissant « pourrir » la terre. C'est la façon la plus sûre de procéder mais aussi la plus lente.

Le retrait peut être réduit en ajoutant une certaine proportion de matériau non plastique à l'argile ;

- en augmentant la proportion de silice, ou de kaolin, ou leur mélange, jusqu'à 20 % ;

- l'ajout de chamotte, entre 10 et 30 % diminue le retrait et la plasticité de la pâte, mais de moindre façon que ci-dessus.

Modification de la température de fusion de la pâte. Elle peut être augmentée de la façon suivante :

- en ajoutant jusqu'à 20 % de ball clay ;

- en ajoutant 25 % de grès, ce qui a l'avantage d'augmenter la température de fusion des argiles sans augmenter le retrait ;

- en combinant cinq additifs dans la proportion suivante : 6% de grès, 7 % de ball clay, 3 % de silice, 2 % de kaolin et 2 % d'argile réfractaire. Ce mélange donne de bons résultats.

Le vieillissement, ou pourrissement de la terre

Ce processus est destiné à améliorer les qualités de malléabilité de l'argile. Il est pratiqué depuis très longtemps. Les Chinois, paraît-il, laissaient reposer l'argile pendant une génération avant de l'utiliser. Il est évident que de nos jours, époque éprise de vitesse et de résultats rapides, il ne faut pas s'attendre à ce que ce précepte soit mis en pratique par qui que ce soit. Néanmoins, il peut être utile de laisser reposer une argile pendant plusieurs mois avant de l'utiliser. Une terre glaise, comme un bon vin, s'améliore avec le temps.

Le vieillissement implique une humidification contrôlée de l'argile dont chaque particule doit pouvoir être entourée d'eau. Cette condition n'est généralement pas réalisée sur les sites où l'argile est trouvée. Il est donc recommandé de laisser reposer l'argile dans son conteneur en plastique en présence d'un excès d'eau pendant au minimum deux semaines.

Un second facteur de vieillissement capital est le développement au sein du matériau d'une population bactérienne importante et variée. Cette culture est favorisée par une température tiède. Les bactéries excrètent des acides et des gels qui améliorent les qualités de l'argile. Pour ensemencer un récipient d'argile fraîchement préparée, il suffit d'y ajouter une petite quantité d'argile qui a déjà été traitée. On peut aussi emballer l'argile neuve dans des chiffons qui ont contenu de la terre déjà mûrie. Un milieu légèrement acide est favorable au développement des bactéries, on peut donc ajouter une petite quantité de vinaigre. Une petite quantité d'amidon favorise également le développement bactérien. Certains potiers préfèrent ajouter un peu de savon à l'eau de trempage.

Pour pratiquer le vieillissement des argiles natives, nous vous conseillons d'agir de la façon suivante : pour ensemencer l'argile si vous ne disposez pas déjà d'argile traitée, faites macérer une petite quantité d'humus dans de l'eau chaude pendant quelques heures. Filtrez cette eau et ajoutez-la ensuite à l'eau de vieillissement dans laquelle baigne l'argile. Laissez reposer le mélange une nuit puis décantez l'excès d'eau et préparez l'argile sur les plaques de plâtre. Lorsque vous avez obtenu la bonne consistance, procédez à un pétrissage en règle pour bien homogénéiser la matière de façon à éliminer toutes les poches d'air.

Formez ensuite des balles de terre d'environ 15 cm de diamètre que vous emballerez dans de vieux chiffons mouillés. Ces ballots peuvent être entassés dans une poubelle ou tout autre grand récipient en plastique muni d'un couvercle. Tous les deux jours, vérifiez que les chiffons sont bien humides ; si ce n'est pas le cas, rajoutez de l'eau. La maturation dans ce cas devrait durer au moins deux semaines. Une odeur de moisi atteste que le pourrissement est effectif.

Le pétrissage de la terre

Le pétrissage consiste à malaxer ou à pétrir la pâte, par petites quantités, vigoureusement avec les mains, afin d'en chasser toutes les bulles ou poches d'air qui, à la cuisson, pourraient provoquer l'éclatement des pièces. Lorsque la terre est trop humide et collante, elle est désagréable à travailler et la pièce risque de s'affaisser. On l'assèche en l'étalant sur des plaques de plâtre, puis en la malaxant longtemps (la chaleur des mains fait s'évaporer l'eau). Si, au contraire, la terre est trop sèche, elle risque d'être cassante, de manquer de souplesse et de ne pas adhérer suffisamment à l'armature. Dans ce cas, il faut l'humidifier à plusieurs reprises à l'aide d'un vaporisateur et attendre que l'eau la pénètre bien jusqu'à ce qu'elle soit de nouveau malléable.

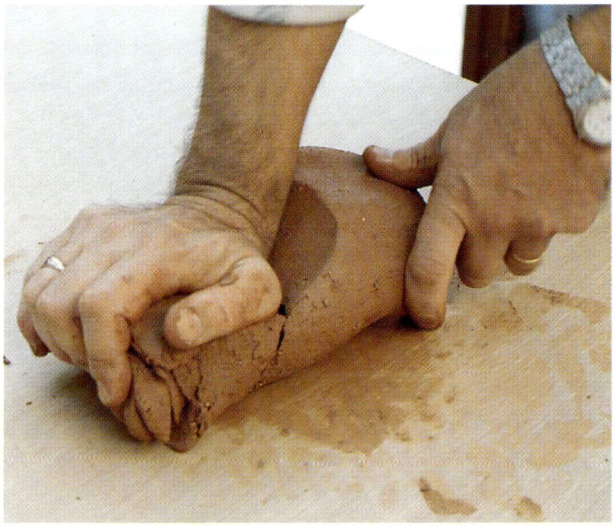

Pétrissez la pâte vigoureusement avec les mains par petites quantités, afin d'en chasser systématiquement toutes les bulles ou poches d'air.

Les engobes

Ce sont des argiles fines diluées à l'eau – et donc de consistance fluide – destinées à recouvrir entièrement ou partiellement une œuvre en argile afin d'en modifier la coloration (voir page 76).

Un bon engobe doit recouvrir la pièce d'une couche uniforme et ne pas craqueler en séchant. Il doit pouvoir, le cas échéant, être recouvert par une glaçure.

Idéalement, l'argile servant à préparer l'engobe aura un taux de retrait inférieur à celui de l'argile sur laquelle on le pose. L'application de l'engobe (au pinceau, par trempage ou par vaporisation) se fera de préférence sur une argile encore humide.

Lorsqu'on désire obtenir au moyen d'un engobe une coloration plus foncée que celle de l'argile qu'il recouvre, on peut utiliser l'argile de base additionnée d'eau et d'oxydes colorants.

Toutes sortes d'additifs, outre les oxydes, peuvent être ajoutés à l'argile de base afin de modifier les propriétés de l'engobe.

Suivant la température de cuisson, il faudra ajouter des fondants adéquats. Pour les hautes températures, du feldspath (maximum 20 % des matières sèches). Pour les températures plus basses (de 950 à 1 190 °C), on ajoutera des frittes sans plomb et du talc.

Du silex (20 % au maximum) diminue le retrait et permet une meilleure adhérence de la glaçure. Un ajout de 5 % de borax augmente la résistance aux manipulations de l'engobe sec.

Préparation de l'engobe

Afin d'éviter d'aspirer des particules d'argile, il est conseillé de porter un masque bucco-nasal pendant toute l'opération de préparation de l'engobe.

Versez de l'argile en poudre – de la ball clay blanche par exemple – dans un seau et ajoutez de l'eau. Mélangez à la main en réduisant progressivement les grumeaux et en ajoutant progressivement l'eau afin d'obtenir une matière de consistance crémeuse. Passez le mélange au tamis n° 80 afin d'éliminer tout grumeau. Le passage à travers le tamis est facilité en remuant le mélange à la main ou à l'aide d'une brosse à tamis. Recommencez ensuite l'opération de tamisage avec un tamis à maille plus fine (n° 120).

Composition de quelques types d'engobes (d'après D. Rhodes) :

- 25 % de kaolin, 25 % de ball clay, 15 % de fritte sans plomb, 5 % de talc, 20 % de silex, 5 % de zircon et 5 % de borax (cuissons à basse température) ;
- 25 % de kaolin, 25 % de ball clay, 20 % de feldspath, 20 % de silex, 5 % de zircon et 5 % de borax (cuissons au-dessus de 1 190 °C).

Pour la coloration d'un engobe blanc, mesurez une petite quantité d'oxyde colorant et déposez-la au fond d'un petit récipient. Avec une louche, versez sur le colorant de l'engobe blanc et mélangez avec une cuiller jusqu'à obtention d'une couleur uniforme. Si vous désirez que l'engobe soit parfaitement lisse, tamisez-le une fois de plus au tamis n° 120. Si, au contraire, vous désirez que des taches de couleur apparaissent à la cuisson, évitez de tamiser, à plus forte raison si vous avez ajouté des oxydes granulés comme le manganèse granulé ou bien l'ilménite granulée.

La barbotine est un engobe de même nature que l'argile de base et qui sert à assembler plusieurs éléments d'une pièce.

Evelyne Henrard.
Petit Polymère à roue. 70 x 40 cm. 1989.

Voici une liste d'oxydes qui, ajoutés aux engobes, les colorent :

2 % oxyde de fer	marron clair
4 % oxyde de fer	brun
6 % oxyde de fer	brun foncé
1 % chromate de fer	gris clair
2 % chromate de fer	gris moyen
1 % oxyde de cobalt	bleu moyen
2 % oxyde de fer	gris bleu
1 % oxyde de cobalt	gris bleu
3 % oxyde de cuivre	vert moyen
10 % teinture de vanadium	jaune
6 % bioxyde de manganèse	pourpre brun
3 % manganèse en grains	brun moucheté
6 % rutile	bistre crémeux
3 % oxyde de fer	noir
2 % oxyde de cobalt	noir
2 % bioxyde de manganèse	noir

(d'après D. Rhodes)

Stockage et réutilisation du matériel sec

Stockage : l'argile prête à l'emploi doit être conservée dans des sacs en plastique bien étanches ou dans des conteneurs métalliques galvanisés (la rouille affecte la terre, la rendant cassante et friable). De grandes poubelles en plastique munies de couvercles fermant bien sont idéales pour le stockage de l'argile. On peut aussi conserver celle-ci dans des sacs en plastique noir hermétiquement fermés.

Réutilisation du matériel sec : si l'on veut réutiliser une masse de terre totalement sèche, il faut la pulvériser le plus finement possible, la mettre dans un récipient en plastique (seau, poubelle) et y ajouter de l'eau. Il faut ensuite attendre quelques heures que l'argile ait eu le temps d'absorber l'eau, puis tâter un échantillon pour déterminer si elle a atteint la bonne consistance. Suivant le cas, on ajoutera du liquide ou bien on étendra la terre sur des plaques de plâtre.

Gertraud Möhwald,
Tête. L. M. IV. constituée d'assemblages de tessons de faïence et de porcelaine. Hauteur 39 cm. 1996.

De la surface sculptée au volume

Le relief, surface sculptée, est la forme de sculpture la plus étroitement associée à l'architecture. Celui-ci peut se concevoir comme l'émergence d'un volume hors de la surface d'un mur qui sert de fond. Suivant que ce volume se détache plus ou moins du fond, on aura affaire à un bas- ou un haut-relief. La profondeur du sujet sera plus ou moins écrasée jusqu'à s'annuler dans le cas de reliefs gravés. Le relief peut aussi être creusé dans le volume du mur, en formant ce qu'on appelle un relief engagé.

Il n'est peut-être pas inutile de redéfinir ces différentes formes de reliefs.

Le relief gravé est une surface plane qui sert de support à un dessin dont les traits sont tracés en creux plus ou moins larges et profonds.

Le relief méplat est composé de deux plans. L'épaisseur relative du premier plan est diminuée. On parle de « semi-méplat » quand le contour des formes est légèrement arrondi et modelé.

Le relief égyptien comporte des contours gravés en creux dans la pierre. L'intérieur des sujets est pourvu d'un léger modelé.

Le relief écrasé présente un modelé qui évoque le dessin. De nombreuses médailles sont des exemples de ce type de relief.

Le demi-relief émerge du fond d'une épaisseur égale à environ la moitié de l'épaisseur d'un corps considéré dans son épaisseur normale. Le haut-relief saille d'une épaisseur supérieure à la moitié du volume réel d'un corps. Certaines parties du corps (tête, bras, jambes) peuvent être complètement détachées du fond.

Le relief pictural

On peut raisonnablement estimer que le relief représente l'étape intermédiaire entre la peinture et la sculpture en ronde-bosse. En effet, peinture et relief sont destinés à être vus de face et se déploient sur une surface généralement plane délimitée par un contour géométrique : le cadre. Le plus souvent dépourvu de couleur, le relief se rapproche plutôt du dessin ou de la gravure. Le modelé, doux ou accentué, donne lieu à une succession graduelle de valeurs tonales qui rendent sensibles les variations du relief : les parties les plus saillantes étant baignées de lumière, et les portions en retrait reléguées dans l'ombre.

En période classique et baroque, le relief a fortement tendance à imiter la peinture en faisant appel à toutes sortes d'artifices propres à cet art ; c'est pourquoi on le dénomme relief pictural. Par exemple, le fond contiendra des éléments d'architecture donnant l'illusion de la perspective. Les lointains présenteront des modelés estompés de façon à suggérer l'éloignement.

Arrêtons-nous un instant sur ce relief de Pierre Puget (1620 - 1694), le *Christ mourant*. Ce relief est à mi-chemin entre bas-relief et haut-relief, avec le corps du Christ, en pleine douleur, très sculptural, très physique, se détachant du fond en haut-relief, tandis que l'arrière-

Pierre Puget,
Christ mourant en croix.
Bas-relief en terre cuite.
85,8 cm x 49,3 cm.
Paris, musée du Louvre.

plan, à peine incisé, est plus pictural. Puget était-il peintre avant tout ? Il semble, à l'inverse de Rodin, avoir été d'abord préoccupé par la ligne avant de l'être par le volume. On constate déjà, dans des œuvres antérieures, une tentative de raviver la polémique entre peinture et sculpture, mais, loin de les opposer, Puget s'efforça dans son travail de concilier les pratiques.

La ronde-bosse

Lorsque la sculpture tente de se désolidariser de l'architecture pour accéder à sa pleine autonomie, elle se fait ronde-bosse. Totalement détachée de quelque fond que ce soit, elle acquiert le privilège et doit répondre à l'exigence d'être admirable de tous les côtés. L'observateur est incité à interagir avec elle, n'étant plus astreint à la seule observation frontale. Il est vrai que souvent un point de vue est privilégié par rapport aux autres, surtout dans la sculpture figurative dont l'interprétation se veut généralement univoque.

Le nombre théorique de points de vue a beaucoup varié suivant les périodes et les auteurs. À la Renaissance classique, pour Alberti (1404 - 1472), une statue doit être belle sous tous ses aspects, mais elle ne peut être « parfaite qu'en un seul lieu et vue d'un seul point », ce qui oblige le spectateur à rechercher ce point de vue unique, s'il veut goûter toute la valeur plastique de l'œuvre. Pour Léonard de Vinci (1452 - 1519), le point de vue n'est pas unique mais double, tandis que pour Vasari (1511 - 1574), il est quadruple. Enfin dans le courant maniériste, Cellini (1500 - 1571), après avoir estimé qu'il existait sept, puis huit points de vue essentiels, en mentionne quarante dans ses œuvres complètes, tout en déplorant les difficultés techniques qu'ils occasionnent : « ...l'artiste est souvent obligé d'apporter à son premier point de vue de nombreuses modifications pour que toutes les parties de sa figure s'harmonisent entre elles. Ces difficultés sont telles que jamais on n'a vu figure faisant également bien de tous côtés ».*

L'œuvre de Rodin (1840 - 1917) nous servira d'illustration pour mieux comprendre la question du volume. On se souvient du conseil que lui avait prodigué son maître et qu'il suivit à la lettre : « Quand tu sculpteras, ne vois jamais les formes en étendues, mais toujours en profondeur [...]. Ne considère jamais une surface que comme l'extrémité d'un volume. » Cela est rendu visible aussi bien dans ses reliefs que dans ses rondes-bosses. Il y a dans les bas-reliefs (*Porte de l'Enfer* par exemple) un souci de refuser le système de la sculpture académique qui installa ses figures dans un arrière-plan pictural illusionniste. Dans son œuvre, le relief est traité comme un solide interdisant l'illusion d'une traversée du regard vers un espace qui s'étendrait au-delà. Dans le cas des rondes-bosses, et toujours à l'opposé des sculpteurs académiques, c'est l'âme que Rodin cherche à nous révéler et non l'exactitude de la représentation du corps. L'exemple du *Balzac* (voir page 25) est peut-être le plus significatif à cet égard. Tandis que les études préliminaires présentent un personnage nu, la version finale en bronze emmitoufle complètement le corps de l'écrivain dans une sorte de robe de chambre. Il sculpte de telle façon que l'on ne puisse pas pénétrer jusqu'au noyau pour découvrir le sens de ces gestes. Seule la surface doit nous apprendre quelque chose, d'où une des raisons de l'importance que revêt pour Rodin la trace du processus de création.

* *La Sculpture, méthode et vocabulaire. Paris, Imprimerie nationale, 1978.*

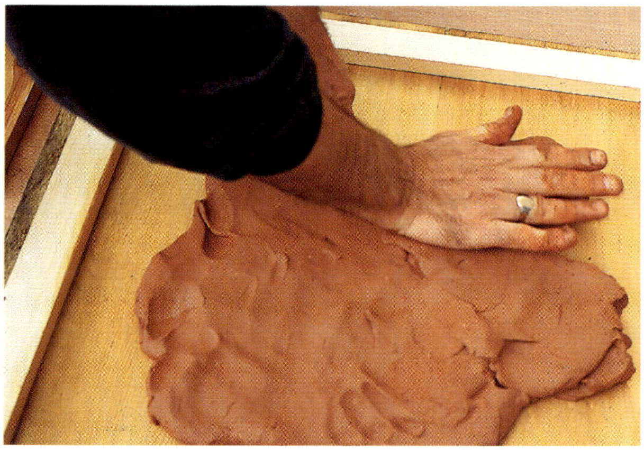

1. Fixez un cadre en bois sur une planche épaisse et tassez de l'argile à l'intérieur.

2. À l'aide d'un tasseau, lissez la surface.

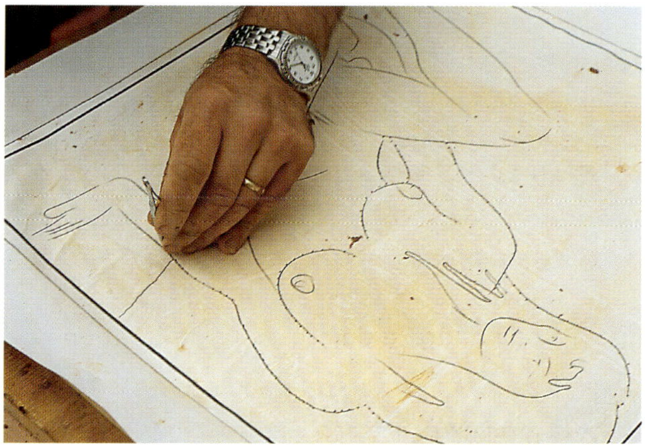

3. Posez un dessin du relief à réaliser sur cette surface. Avec un objet pointu, perforez le contour du dessin.

4. Retirez le dessin et à l'aide d'un ébauchoir, renforcez les contours du sujet.

5. Réalisez le modelé à l'ébauchoir.

6. Relief terminé. Le cadre en bois qui le limite sera retiré après séchage.

LES OUTILS ET L'ATELIER

Les outils

La main et les doigts sont les meilleurs instruments du modeleur.

Les outils ne sont que des extensions de la main : ils permettent d'atteindre des endroits inaccessibles ou d'obtenir des traces particulières sur l'argile.

Voici une liste des outils les plus utiles pour réaliser un modelage en terre :

Ébauchoirs : ils ont la forme de tiges cylindriques aux extrémités aplaties ou renflées. Leurs formes sont très variées. Les traces qu'ils laissent sur la terre sont lisses ou striées, suivant que leur bord est droit ou denté. Ils sont destinés à écraser ou à étendre les boulettes de terre, ou à faire des incisions, etc. Ils sont généralement en buis, ou bien en métal. Il ne faut jamais laisser dans l'eau des ébauchoirs en bois, ils risquent de se fendre. Il vaut mieux les débarrasser de la terre sèche qui les recouvre et les huiler ensuite légèrement.

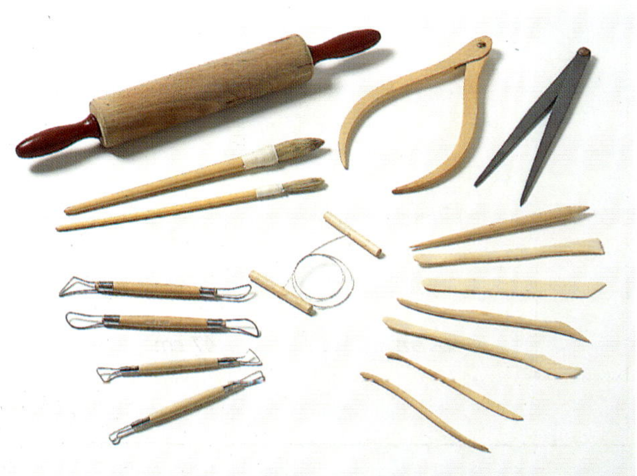

Mirettes ou « boutonnières » : tiges cylindriques en bois munies d'anneaux métalliques à leurs extrémités. Ces anneaux ont également des formes très variées. Ils servent à enlever les excédents de matière ou à creuser les formes. Ils laissent des traces concaves et lisses, à l'exception des mirettes gradinées qui laissent des marques rugueuses (en effet, leur anneau métallique est lui-même entouré de fil de fer).

Spatule : couteau métallique et flexible qui peut être utilisé comme ébauchoir (il est plus souple que celui-ci).

Fil d'acier galvanisé ou de cuivre : tendu entre deux poignées, il sert à tronçonner la terre ou un modelage en le détériorant le moins possible.

Compas courbe d'épaisseur : il permet de mesurer le diamètre extérieur d'un volume.

Compas concave : il permet de prendre des mesures à l'intérieur d'une forme creuse.

Compas droit : il permet de prendre des distances entre deux points situés sur des surfaces planes.

Selle : escabeau surmonté d'un plateau tournant sur lequel est placée la pièce. (Voir plus loin comment réaliser soi-même une selle).

Selle basse : selle à large plateau tournant, très stable et robuste pour les sculptures de grande taille.

Tournette : plateau tournant que l'on peut déposer sur une table.

Rouleau à pâtisserie : destiné à écraser la terre en minces galettes pour le montage d'une pièce par plaques.

On peut également utiliser toutes sortes d'ustensiles : vaporisateur, linges, sacs en plastique, brosses et pinceaux pour appliquer la barbotine ou les glaçures ; lames de scies à métaux, brosses en chiendent, couteaux divers, treillis, râpes, pierre ponce, etc., pour donner à la surface de la terre un aspect particulier.

Confection d'une selle

La selle de sculpteur doit avant tout être parfaitement stable et permettre le travail à une hauteur variable qui dépend de la taille du sculpteur et de la hauteur de la pièce. Le plateau doit pouvoir tourner autour de son axe et pouvoir se régler à différentes hauteurs. D'excellentes selles sont en vente dans le commerce, mais leur prix peut sembler décourageant. D'autre part, cela peut être valorisant d'en confectionner une soi-même. Ce n'est pas très compliqué à faire pour peu qu'on soit un peu bricoleur. Ceux qui sont allergiques au travail du bois pourront toujours faire effectuer le travail par un menuisier d'après les plans et les mesures que nous donnons.

Utilisez de préférence du pin ou du méranti. Je vous recommande de faire un patron d'une des faces de la selle, au crayon ou au marqueur, sur du papier kraft, par exemple, et de coucher ce modèle par terre. Coupez d'abord à longueur deux des pieds de la selle en tenant compte du léger angle à donner à cette coupe afin que les pieds soient bien d'aplomb sur le sol (en effet, les pieds seront plus écartés au niveau du sol qu'au sommet, ce qui produit un angle). Disposez ces deux pieds sur le patron de façon à reproduire les contours du dessin et assemblez les deux traverses en utilisant chaque fois au moins trois vis par angle. Faites de même pour les deux autres pieds. Vissez les quatre autres traverses perpendiculairement à l'une des faces ainsi réalisées, en faisant attention au léger angle à donner à la traverse par rapport au pied. Ensuite, vous fixerez l'autre face aux traverses que vous venez de visser.

Clouez un plateau carré d'une quarantaine de centimètres de côté au sommet. Fixez un plateau plus large aux pieds, à mi-hauteur, afin de renforcer la stabilité de l'ensemble. Si vous souhaitez que la selle soit munie d'un plateau tournant de hauteur réglable, percez ces deux plateaux de trous de diamètres identiques pour y faire coulisser un axe en bois. Fixez le sommet de l'axe à un autre plateau, éventuellement circulaire, sur lequel sera installée l'œuvre à réaliser. En guise de plateau, vous pouvez utiliser le plateau d'un tourne-disque hors d'usage. Percez la moitié inférieure de l'axe de trous à intervalles réguliers. Insérez dans un de ces trous un goupillon en métal, bloquant la tige en bois au niveau requis par rapport aux plateaux. Suivant que l'on désire que le plateau soit plus ou moins haut, on placera le goupillon plus ou moins bas.

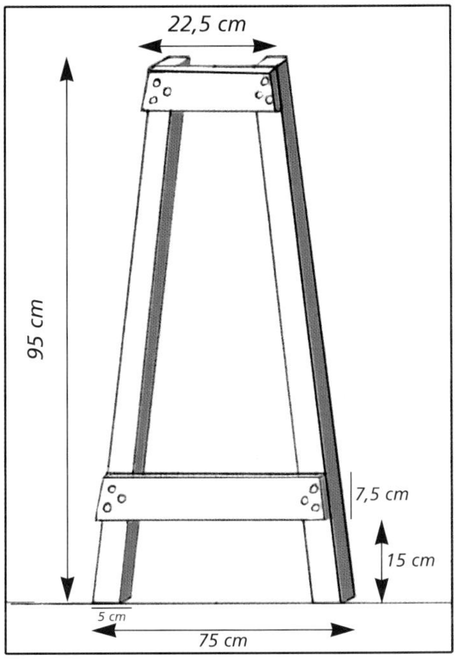

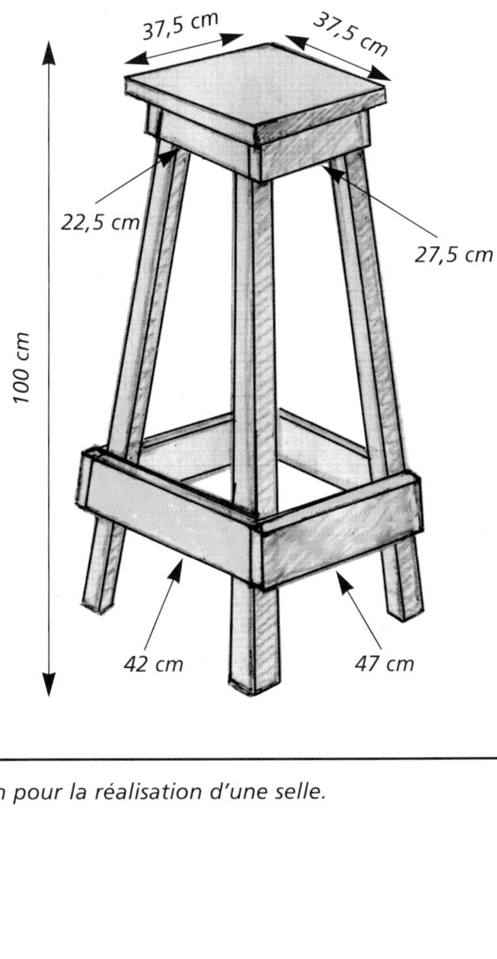

Plan pour la réalisation d'une selle.

L'atelier

Le local que vous choisirez comme lieu de travail est très important, car c'est de son confort que dépendra en grande partie le plaisir que vous aurez à travailler. Le créateur a besoin – quoiqu'on dise – d'un environnement agréable. Un atelier glacial en hiver ou étouffant en été ne vous stimulera certainement pas beaucoup, pas plus qu'une pièce obscure ou encombrée.

La taille de l'atelier dépend de vos exigences. Si vous travaillez en grandes dimensions, il faudra que votre atelier soit en proportion, car il faut toujours un certain recul pour juger d'un travail. Si vous vous contentez de petites esquisses ou de portraits par exemple, une petite pièce fera très bien l'affaire.

Dès que la taille des pièces dépasse la soixantaine de centimètres de haut, il est impératif que le local soit situé au rez-de-chaussée, afin de permettre un approvisionnement aisé en terre et en plâtre. Un sol résistant, en ciment par exemple, permet le stockage de grandes quantités de ces matériaux. L'argile et le plâtre pulvérulents doivent être entreposés dans des endroits bien séparés, car leur mélange est néfaste à la santé des terres cuites.

Si on manipule de grandes quantités de terre, il peut être utile de faire construire (ou de réaliser soi-même) un enclos cimenté où seront accumulés les morceaux d'argile récupérés, que l'on recouvrira d'eau pour les ramollir. Cet enclos devra être muni d'un couvercle, le plus étanche possible, pour éviter une évaporation trop rapide de l'eau. À côté de cet enclos, on pourra prévoir, si on a de la place, un endroit où déposer de grandes plaques de plâtre épaisses destinées à débarrasser l'argile réhydratée de son excès d'eau (voir page 32).

Les sacs de plâtre doivent être entreposés dans un endroit sec, et si possible isolés du sol par des plaques de polystyrène ou des palettes en bois. Une arrivée d'eau ainsi qu'un évier sont indispensables pour se laver les mains.

C'est le coin le plus éclairé de la pièce qui sera choisi pour y installer la selle ou l'établi. C'est là que s'effectuera le travail de modelage. Il faudra y adjoindre un éclairage artificiel qui devra le plus possible reproduire la qualité de l'éclairage naturel dispensé pendant la journée. Une source de lumière amovible – sous la forme d'une lampe baladeuse, par exemple – est très utile pour juger d'un travail « sous toutes ses coutures ». Les tubes au néon diffusent une lumière assez voisine de la lumière du jour.

L'atelier du modeleur ne nécessite aucun appareillage coûteux, hormis le four. Et encore n'est-il pas absolument indispensable de disposer d'un four personnel, à moins d'envisager une production importante. Il est en effet toujours possible de confier ses œuvres à un collègue mieux installé ou à un céramiste. Les briquetiers sont également disposés à cuire l'une ou l'autre pièce moyennant une modeste rétribution.

L'emplacement occupé par le four dépend d'abord de sa nature. Un four à bois sera construit là où il est judicieux d'établir la cheminée, à l'aplomb du faîte du toit. Un four électrique ne sera jamais trop éloigné de sa source de courant, le câble d'alimentation étant généralement assez court (pas plus de deux mètres).

Il sera bon de faire renforcer l'installation électrique afin de pouvoir utiliser un courant d'une intensité comprise entre 25 et 30 ampères. Il peut être avantageux, à long terme, de faire installer un compteur bi-horaire, ce qui permet de mener les cuissons pendant la nuit à un tarif avantageux.

Le four doit en outre se trouver dans un endroit suffisamment ventilé pour que les vapeurs toxiques s'éliminent facilement .

Clément, sculpteur, dans son atelier d'Aubervilliers ponçant African Queen avant patine.

TECHNIQUES DU MODELAGE DE L'ARGILE : LA COROPLASTIQUE

Quelques principes de base de la coroplastique

Préparez la quantité de terre nécessaire à une séance de travail pour ne pas être stoppé dans votre élan créateur en cours de route.

Répartissez votre argile en plusieurs lots que vous malaxerez de façon plus ou moins poussée pour obtenir des consistances plus ou moins fermes.

Utilisez l'argile la moins malléable ou la plus sèche pour monter la base et le noyau de la sculpture, afin d'éviter des affaissements. Mélangez de la paille ou de la filasse à la terre pour monter les grandes sculptures.

Tassez bien l'argile, en utilisant un battoir de bois par exemple. Évitez à tout prix la formation de bulles ou de poches d'air.

Montez aussi rapidement que possible la pièce autour de son armature dans son intégralité, puis laissez légèrement raffermir ce noyau sous plastique pendant un jour ou deux, sans y toucher. Alors seulement vous ajouterez des couches de terre plus molle pour donner le volume et réaliser la finition.

Ébauchez par grandes masses dans les premiers temps, sans vous préoccuper de détails de modelé, en utilisant le plat de la main, le poing, ou un large battoir de bois. Retirez de la matière avec une large spatule. Effectuez une première ébauche de l'ensemble de la sculpture et évaluez le résultat en faisant tourner la pièce sous divers éclairages. C'est à ce stade qu'il faudra équilibrer la sculpture afin qu'elle soit harmonieuse sous tous les angles.

Vous vous attaquerez ensuite aux détails du modelé, aux effets de surface, aux traits superficiels, avec des outils plus fins.

À l'aide d'un rouleau à pâtisserie, confectionnez une plaque.

Découpez une forme dans cette plaque.

Lorsque le travail doit être interrompu pendant plusieurs heures, recouvrez entièrement la sculpture de linges légèrement humides, le tout étant emballé dans une feuille de plastique ou recouvert d'un sac poubelle. Pour éviter que le linge humide touche directement la sculpture, on peut confectionner un encadrement en

Tableau comparatif des propriétés des diverses formes d'argile en fonction de la taille des particules

Ball clay 0,1 µ	Grès 1,5 µ	Faïence	Porcelaine 1,5 à 50 µ
- très petites particules d'argile	- particules moins fines	- particules de taille moyenne	- grandes particules d'argile
- très grande plasticité	- bonne plasticité	- bonne plasticité	- peu de plasticité
- retrait très important, d'où fissures possibles à la cuisson	- pas de retrait excessif	- pas de retrait excessif	- retrait peu important
- peu de porosité	- 1 à 5 % d'absorption	- plus de 3 % d'absorption	- 0 à 2 % d'absorption
- structure fermée à basse température	- structure fermée vers 1 230 °C	- cuisson vers 1 010 °C	- vitrification à haute température (1 300 à 1 450 °C)
- coloration blanchâtre	- coloration grise ou chamois	- coloration rouge ou foncée	- coloration blanche
- grande résistance mécanique	- excellente résistance mécanique - facile à façonner au tour - contient plus de 20 % de particules épaisses de quartz, de feldspath et de mica	- résistance mécanique moyenne - convient bien pour le modelage - contient souvent du fer, des impuretés organiques	- résistance mécanique variable - ne convient pas pour le modelage - grande pureté

bois ayant la forme d'une boîte dont les dimensions excèdent celles de la pièce, ou former une voûte au moyen de deux tiges flexibles en acier, croisées à angle droit et fichées dans la semelle d'argile qui constitue le socle de la sculpture (Voir photo page 75).

Avant de reprendre le travail, humidifiez l'ébauche au moyen d'un vaporisateur.

Si la matière d'une œuvre en cours d'exécution a trop séché, on la recouvre d'un linge mouillé pendant un temps suffisamment long, jusqu'à ce qu'elle soit à nouveau malléable.

Lorsque de fines fissures apparaissent en surface, il est possible d'y remédier en élargissant ces fentes au moyen d'un ébauchoir, et en comblant les cavités ainsi créées avec de la terre molle et fraîche.

Si on craint que des portions de l'œuvre ne s'affaissent, on peut les soutenir au moyen de boudins de terre provisoires, qui seront retirés lorsque la pièce sera sèche.

La finition se fera lorsque l'argile sera ferme (consistance du cuir) mais encore humide. À ce stade, la surface peut être lissée à l'aide d'un galet ou d'un brunissoir en acier inoxydable.

En revanche, pour poncer la surface au moyen de papier émeri ou de pierre ponce, il faut attendre que l'œuvre soit bien sèche.

Modelage direct de formes creuses

Montage d'une pièce creuse par la technique du colombinage

Sur une surface plane, roulez des colombins : boudins de terre plus ou moins longs et d'une épaisseur égale à celle prévue pour la paroi du modèle. Étalez ces boudins sur la tournette en leur donnant la forme que vous comptez donner à la base de la sculpture. Superposez les boudins les uns aux autres en les soudant convenablement par la face interne. Pour monter une forme cylindrique, superposez les colombins légèrement vers l'intérieur de la forme plutôt que strictement à la verticale, car, lorsqu'on soude les colombins de l'intérieur, on a tendance à élargir le dernier, qui est ainsi poussé vers l'extérieur, on obtient donc une forme évasée et non plus cylindrique.

Quand la pièce est montée, retravaillez l'extérieur pour donner à la surface l'aspect souhaité. Cette méthode est assez lente et plutôt utilisée en poterie.

Emballez une œuvre non terminée dans un linge humide. Ajoutez un sac en plastique autour du tissu pour empêcher la dessiccation.

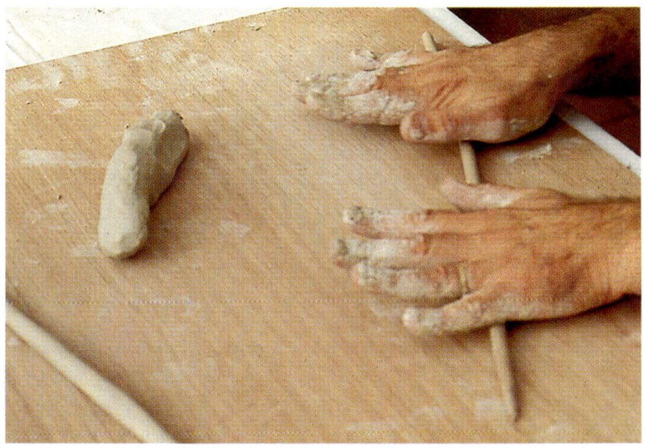

1. Pour réaliser des colombins, roulez le boudin d'argile sous les mains jusqu'à obtention de la grosseur désirée. Le mouvement des deux mains doit être de pression identique.

2. Superposez les colombins en exerçant une certaine pression avec les doigts de façon à bien souder les spires.

4. Soudez les colombins entre eux à l'ébauchoir en soutenant la surface par l'intérieur avec une main.

3. Au fur et à mesure que la pièce monte, retravaillez l'intérieur de façon à souder les colombins.

5. Coupez un morceau de colombin à la dimension voulue de manière à combler l'espace vide restant.

Montage d'une pièce creuse par la technique des plaques

Avec un rouleau à pâtisserie, façonnez des plaques de terre d'épaisseur identique auxquelles vous donnez la forme souhaitée (rectangulaire, triangulaire, ronde, etc.). Pour obtenir des plaques de même épaisseur, placez la motte de terre entre deux tasseaux en bois de hauteur identique pour servir de guide au rouleau. Si l'argile est trop molle, laissez-la reposer sur une surface absorbante (contre plaqué, plâtre) avant de l'utiliser et retournez-la régulièrement.

Dressez ensuite ces plaques verticalement sur la surface de travail et soudez-les bien les unes aux autres par l'intérieur. Vous pouvez superposer d'autres plaques à celles-ci, qui constituent la base de la sculpture. Les plaques de terre peuvent être incurvées lorsqu'il s'agit de façonner des volumes arrondis. Des structures en porte-à-faux, qui auraient tendance à s'effondrer à cause de leur poids, peuvent être étançonnées au moyen de boudins de terre d'épaisseur égale à celle des plaques. Cette technique exige une certaine habileté et une terre bien ferme. Elle a l'avantage d'être rapide (voir photos).

1. À l'aide d'un couteau, incisez le tracé de la découpe dans une plaque d'argile.

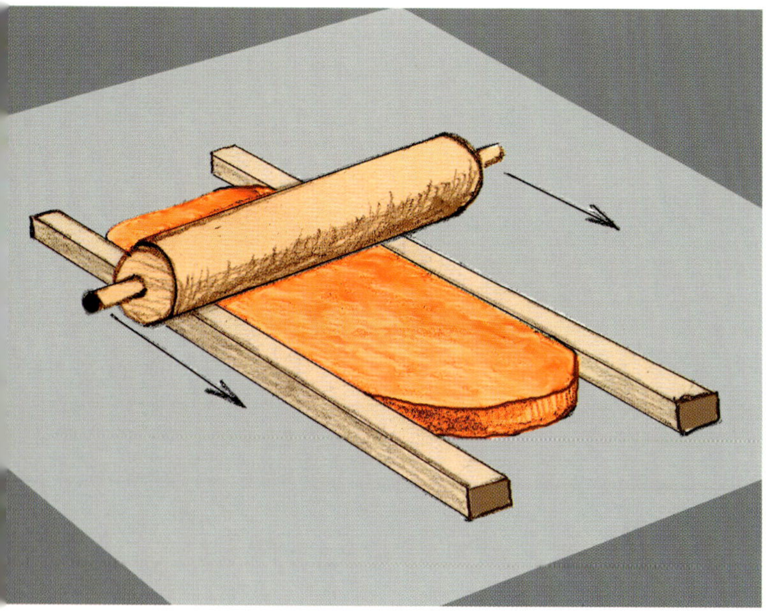

Réalisez une galette d'argile à l'aide d'un rouleau à pâtisserie et de deux tasseaux.

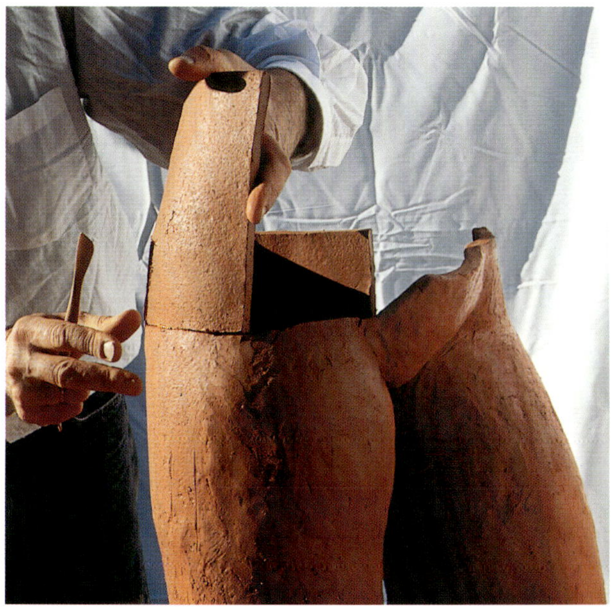

2. Une fois la découpe réalisée, mettez la plaque en place, aidez-vous d'un ébauchoir pour lisser.

3. Si nécessaire, rajoutez un peu de matière au niveau des joints.

5. Les limites entre les différentes plaques doivent devenir indiscernables.

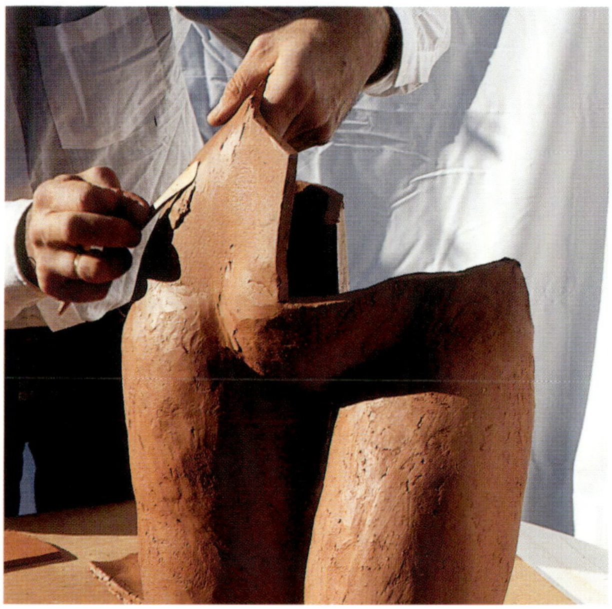

4. À l'aide d'un ébauchoir, soudez entre elles les différentes plaques et lissez les joints.

Obtention indirecte de formes creuses

Par estampage dans des moules

Cette technique consiste à presser de la terre à l'intérieur d'un moule en plâtre de façon à en prendre une empreinte fidèle. Le moule étant concave, l'exemplaire estampé sera convexe. Sauf s'il s'agit d'un bas-relief entièrement de dépouille, le moule sera constitué de plusieurs pièces.

Lorsque les pièces du moule sont bien époussetées, lavez-les et séchez-les soigneusement. Le travail d'estampage proprement dit peut alors commencer. Malaxez de la terre glaise et donnez-lui une forme aplatie. Pressez fortement cette galette, d'environ 1 cm d'épaisseur, contre la face interne du moule avec la paume de la main ou le pouce, selon l'importance de la surface à couvrir, et réduisez-la à une épaisseur de 5 mm, ou moins. Juxtaposez ainsi plusieurs galettes et soudez-les les unes aux autres jusqu'à ce que la surface de chaque portion du moule soit recouverte d'une épaisseur de terre à peu près égale partout. Vous pouvez superposer plusieurs couches afin d'obtenir l'épaisseur désirée. Éliminez ensuite les morceaux de terre qui dépassent les limites de chaque pièce du moule et reconstituez ce dernier. Maintenez les pièces du moule en position avec des ficelles ou des rondelles de caoutchouc (de vieilles chambres à air de pneus sectionnées transversalement constituent d'excellents élastiques).

Les diverses portions de terre estampée, juxtaposées à l'intérieur du moule, doivent maintenant être bien soudées entre elles. Pour ce faire, pressez des boudins de terre là où les pièces se touchent, en débordant largement sur les surfaces adjacentes. Cette façon de faire n'est praticable que si l'orifice du moule est assez large pour y passer la main et si celle-ci peut accéder aisément aux endroits où cette opération est nécessaire.

Si l'ouverture du moule est trop étroite, procédez comme suit : guillochez et enduisez de barbotine les bords de chaque pièce de terre, avant de refermer le moule.

Maintenez le moule fermé jusqu'à ce que la terre se soit raffermie et qu'elle ait commencé à se décoller des parois du moule.

Le léger retrait de la terre, au cours de son séchage partiel dans le moule, facilite la séparation des deux matières.

La durée du séjour de l'argile dans le moule dépend évidemment de l'épaisseur de la terre, du degré de sécheresse de celle-ci et du moule et des conditions de température et d'humidité ambiantes (ce temps varie de quelques heures à 24 heures).

Lorsque le décollement entre la terre et le plâtre est net et que la terre semble assez solide, vous pouvez procéder au démoulage. Retouchez la surface de la pièce à l'ébauchoir – là où les « coutures » sont visibles, par exemple – et mettez la sculpture à sécher.

L'estampage des galettes de terre que nous venons de décrire est appelé « estampage à la croûte ». Lorsque la pièce est de petites dimensions et très fouillée, on remplace les galettes par de menues boulettes d'argile et on parle dans ce cas d'« estampage à la boulette ».

Les célèbres figurines de Tanagra (voir ci-contre) étaient réalisées de la sorte par les Grecs, par pressage dans des moules en terre cuite.

Des sculptures de grande taille peuvent être réalisées par cette technique, en fractionnant la sculpture en éléments plus petits qui seront assemblés par la suite.

1. Au moyen d'une brosse, transférez une première couche de plâtre à la surface de l'argile. Ajoutez successivement plusieurs couches de plâtre. Ici, un treillis métallique renforce la structure.

2. Démoulez soigneusement et laisser sécher le moule complètement. Lavez et brossez à grande eau.

3. Pressez les mottes d'argile à la surface du plâtre bien sec. Lissez la surface du plat de la main afin de bien souder les mottes d'argile entre elles.

Figurine de Tanagra (VIe siècle av. J.-C.), trouvée dans une tombe de Callatis, cité grecque de la mer Noire. Roumanie, musée de Constanza.

Par coulage dans des moules

La technique du coulage est d'usage peu fréquent en sculpture. Elle est surtout utilisée par les céramistes et dans l'industrie (pour le tirage de grandes séries de statuettes tels le *David* de Michel-Ange ou la *Vénus de Milo*, genre fort apprécié au siècle passé).

Le coulage consiste à remplir complètement un moule en plâtre de barbotine spéciale et d'attendre qu'une épaisseur suffisante de matière se soit épaissie au contact du plâtre absorbant. L'excès de barbotine est alors éliminé en versant le contenu liquide du moule dans un récipient. Le moule et son contenu doivent encore sécher pendant une heure ou deux avant que la terre soit suffisamment ferme pour pouvoir être séparée de son moule.

La barbotine, ou engobe, consiste en un mélange d'argile en poudre, d'eau et de défloculants, dont la fonction est de fluidifier le mélange et de permettre une meilleure dissolution de l'argile dans l'eau. On dissout d'abord ces défloculants (0,3 % de silicate de soude et 0,1 % de carbonate de soude par rapport au poids sec d'argile) dans l'eau. On ajoute lentement la terre en poudre à l'eau, en remuant bien, jamais l'inverse. Les proportions doivent être d'environ 100 parts de terre sèche pour 35 à 40 parts d'eau. On laisse reposer quelques heures avant de couler cette préparation crémeuse dans les moules.

B

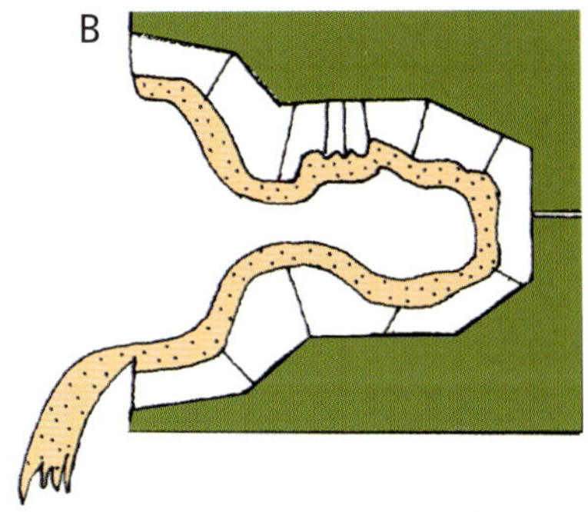

C

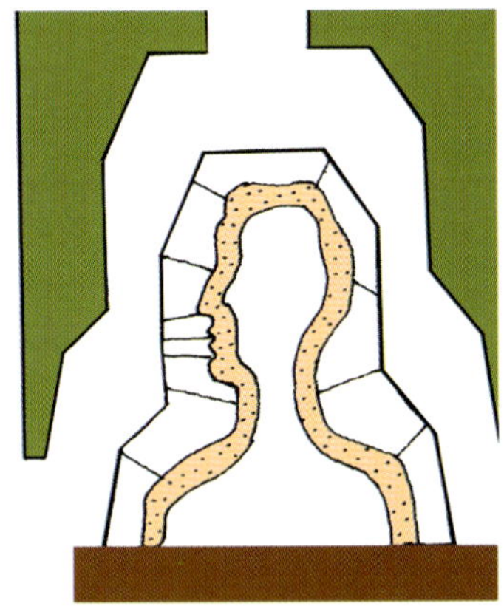

D

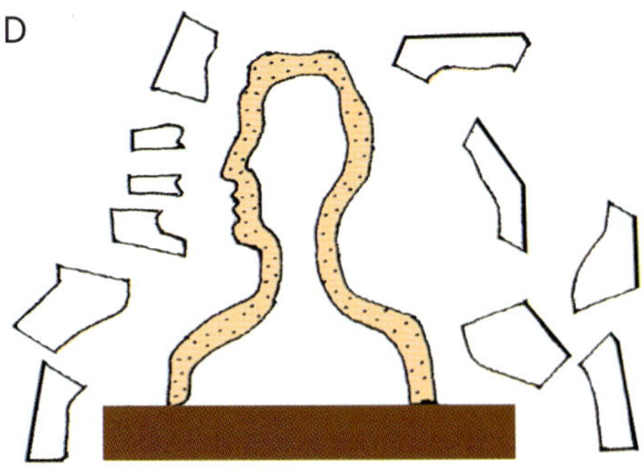

A

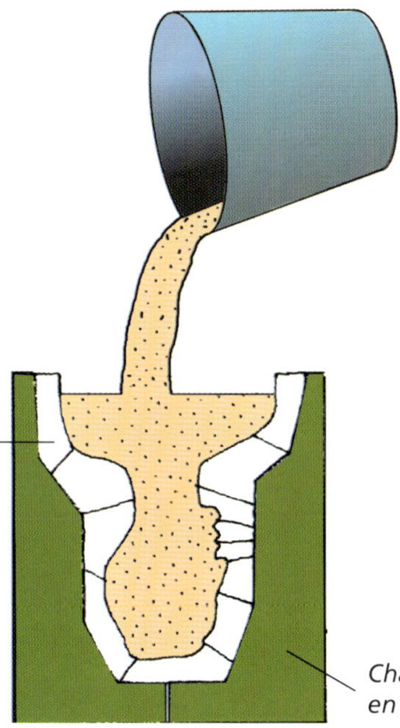

TECHNIQUE DE COULAGE DANS UN MOULE

A - La barbotine est coulée dans le moule à pièces qui est maintenu dans une chape.

B - La barbotine excédentaire est éliminée après qu'une épaisseur suffisante s'est déposée à la surface du moule.

C - Après raffermissement partiel de la barbotine, le moule est retourné et la chape retirée.

D - La pièce complètement démoulée est mise à sécher avant cuisson.

Daphné Corregan,
Moule. Terre cuite. Hauteur 66 cm. 1996.

Le moulage

Le processus du moulage, permettant la reproduction exacte d'une forme en ronde-bosse ou en relief, a toujours et très tôt été associé à la sculpture. Celui-ci peut intervenir d'une part pour permettre au sculpteur de tirer des œuvres dans une matière moins fragile que l'argile. D'autre part, le moulage a souvent été utilisé pour reproduire des sculptures ou des morceaux d'architecture célèbres par le musée des Monuments français, à Paris, par exemple, ceci à des fins didactiques (capacité de voir un plus grand nombre d'œuvres) ou commerciales.

Ainsi en Grèce, si les premières figurines d'argile modelée à la main ont été découvertes dès le VIIe millénaire av. J.-C., c'est au VIIe siècle. av. J.-C. et surtout à partir d'Alexandre le Grand (dernier tiers du IVe siècle), qu'on observe une très grosse production de figurines en terre cuite due à un nouvel usage du moule. Celles-ci, comme le souligne Simone Besques, sont l'expression de la foi populaire, qui est d'origine matriarcale, ce qui expliquerait la quantité de représentations féminines. Cette époque hellénistique fut d'ailleurs marquée par de grands bouleversements tant religieux et esthétiques que stylistiques : libération progressive du corps de la femme, qui passe par le traitement des drapés, personnalisation de son visage. On trouve ces statuettes dans les sanctuaires, nécropoles et dans les habitats. D'ailleurs, il a été prouvé que les mêmes figurines servaient aussi bien comme jouets d'enfant, ex-voto, ornements de chapelles privées, offrandes aux dieux dans les temples, que de dons faits aux morts. Tanagra, en Béotie, fut un des centres célèbres de fabrication des statuettes. L'art de cette région est caractérisé par des femmes généralement debout, avec une variété de poses et de drapés considérable dans le dernier tiers du IVe siècle et au IIIe siècle av. J.-C. (voir page 53). L'industrie de la terre cuite en Grèce ne prendra son véritable essor que lorsqu'on passera du modelage de ces statuettes à la main à l'utilisation du moule. Si le modèle de la statuette s'inspirait parfois de statues célèbres, il arrivait aussi que l'artiste-artisan créât lui-même son propre modèle. D'ailleurs, certains morceaux d'un modèle pouvaient venir de moulages d'autres statuettes. Pour fabriquer les moules, l'artisan enrobait le modèle de plusieurs couches de pâte épaisse. Il était tiré un moule pour la face antérieure (avers), la face postérieure (revers) étant constituée jusqu'au VIe siècle d'une plaque unie, modelée ou moulée, dotée d'un trou d'évent. Pour un bras tendu, des ailes, etc. se détachant du corps, il fallait faire autant de moules spéciaux (jusqu'à 14 !). Le modèle était mis ensuite à sécher dans un endroit ventilé à l'abri du soleil (le retrait au dessèchement facilitait le démoulage du modèle), puis mis à cuire à des températures de l'ordre de 1 300 °C. Troisième phase : les moules ainsi obtenus étaient foncés avec plusieurs couches fines de pâte – parfois quelques millimètres seulement –, puis de nouveau mis à sécher. Les moulages étaient ensuite séparés en deux, détachés des moules, les bras, les jambes, les ailes, etc., éventuellement la tête étaient collés. Le trou d'évent du revers permettait de renforcer à l'intérieur la lamelle de pâte à la jonction avers-revers ; il devait également laisser échapper les gaz pendant la cuisson. Celle-ci, à 600-800 °C, constituait le moment critique, avec une part non négligeable de déchet. C'est après la cuisson que les statuettes étaient peintes a tempera, par-dessus une couche d'engobe (argile pure ou lait de chaux), avec des couleurs mates : rose saumon pour les chairs, bleu, rouge ou vert pour les vêtements, rouge-brun pour les cheveux.

En ce qui concerne la question du moulage, un autre point important doit être abordé. Il s'agit de la valeur artistique des œuvres issues de moulages. Notons au passage qu'on retrouve ici un cas de figure de la question, toujours aussi actuelle, de la définition de l'œuvre d'art et de la création en général. Or, il faut rester prudent lorsque nous choisissons les critères de distinction permettant de déterminer ce qui fait partie du domaine artistique et ce qui n'en fait pas partie. Il semble ainsi que l'on n'est pas toujours prêts, du moins en Occident entre le XVe et le XIXe siècle, à accorder à ces œuvres la valeur de réelles œuvres d'art. D'ailleurs, cette position est confirmée par la juridiction actuelle qui exclut les objets issus de moulages des « œuvres de l'esprit ». Or, comme le souligne G. Didi-Huberman, ce n'est en fait qu'une survivance du débat académique qui eut lieu en Italie au XVIe siècle. Celui-ci distinguait en effet très clairement les arts libéraux (peinture, sculpture...), garants d'authenticité, d'unicité et donc capables de fournir de réelles œuvres d'art, des arts mécaniques (associés à l'inverse aux arts visuels du Moyen Âge). Ces derniers ne faisant preuve ni de recherche d'imitation, ni d'invention en ce que leur forme ne découlait pas comme elle le devrait, d'une idée (primauté de l'intellectuel sur le geste technique) et ne répondant de toute façon pas aux critères traditionnels de la sculpture (taille ou modelage), étaient considérés par là même comme des objets non artistiques. Cependant, à cette époque, les techniques d'empreintes expérimentées par les artistes, connaissaient un essor formidable. Cette trop stricte adhérence à la matière qu'implique le moulage, surtout lorsqu'il s'agissait de représenter un visage, était jugée par les théoriciens de l'époque, notamment Vasari (1511 - 1574), comme allant à l'encontre de l'idée que l'on voulait donner de l'art. Pourtant, comme nous l'avons montré auparavant, il n'est pas possible de séparer la forme ni de sa matière ni de son processus. D'ailleurs, il ne faut pas oublier que la notion de forme vient étymologiquement du mot « tourme » et, pour les artisans, cordonniers, confiseurs, la forme c'est le patron, la matrice, le moule et non le résultat.

C'est justement ce type de considération qui justifia pendant longtemps le doute sur l'attribution du buste du notable florentin Niccolo da Uzzano, issu d'un moulage facial, comme ayant été fait des mains de Donatello (voir page 81). Son réalisme sans concession, accentué par le fait qu'il s'agit d'un objet en trois dimensions, dès le départ plus proche de nous, donc dans ce cas de figure trop proche, l'utilisation de simple terre cuite coloriée ne pouvait être l'œuvre d'un si grand sculpteur, pensait-on.

En fait, la ressemblance que les artistes qui utilisaient ces procédures d'empreinte recherchaient n'était pas tant intellectuelle que charnelle, un moyen de reproduire naturellement de matière à matière, le visage de la personne.

On comprend dès lors que cela allait à l'encontre de l'idée que l'on cherchait à imposer de l'œuvre d'art.

Montage d'une pièce autour d'une armature

Dans le cas de rondes-bosses de taille moyenne ou grande, ou dont la base n'est pas assez stable, il est nécessaire de construire la sculpture autour d'une solide armature. Celle-ci est en métal ou en bois et sert à soutenir intérieurement l'œuvre modelée en argile : en effet, ce matériau a tendance à s'affaisser sous son propre poids lorsqu'il est humide. De même, les parties de la sculpture dégagées du tronc principal et se projetant dans un plan horizontal auront cette tendance à s'affaisser si rien ne les retient. L'armature est là pour permettre au modelage de garder sa forme tant qu'il n'a pas durci. Pour avoir une idée de la masse à soutenir, sachez qu'une sculpture en argile fraîche d'environ un mètre de haut pèse facilement entre 100 et 150 kilos. Pour monter la pièce autour de l'armature, on écrase des boulettes de terre autour de celle-ci, en couches successives, avec les doigts ou un outil et cela jusqu'à obtention de la forme désirée.

La présence d'une armature au sein de l'argile rend impossible la cuisson de la pièce, et même son séchage. En effet, la terre va subir un certain retrait lors du séchage et au cours de la cuisson, mais l'armature intérieure, elle, ne rétrécit pas. Il en résulte des tensions au sein de la masse de terre qui ne peuvent se résoudre que par des craquements, des fissures. Les pièces montées sur armature sont donc uniquement destinées à être moulées puis démoulées et détruites (sauf dans le cas, envisagé plus haut, où on les vide en les tronçonnant et en ressoudant ensuite les morceaux).

La sculpture peut aussi être soutenue de l'extérieur par une armature qui porte alors le nom de « potence ».

Antoine Louis Barye
Lion et taureau. Hauteur 22,7 cm. Paris, musée du Louvre. D'une façon générale, les sculpteurs avaient alors l'habitude d'armer leurs modèles en terre de tiges métalliques dont les traverses étaient reliées par des fils de fer immobiles. Ceux-ci étaient sans rapport avec la structure interne du corps à représenter. Il s'agissait de simples pieux pour soutenir l'ensemble. Ce bâti une fois échafaudé, les artistes façonnaient tout autour une manière de corset aux mailles plus ou moins serrées sur lequel ils plaquaient ensuite leur glaise. Ce système, s'il avait l'avantage d'élaborer quelque chose de solide, interdisait à l'artiste de modifier les formes de sa figure. Barye, lui, plutôt qu'une simple armature de tiges transversales rigides, préfère monter une imitation de squelette articulée. Il en laisse libres les éléments au lieu de fixer son « squelette » définitivement dans le socle de la future statue. Il modèle une à une les différentes parties de sa sculpture, en modifiant si nécessaire son emplacement au cours de sa réalisation. Il termine en reliant les différents éléments soutenus avec des béquilles de bois.

DEUX TYPES D'ARMATURES POUR LE PORTRAIT

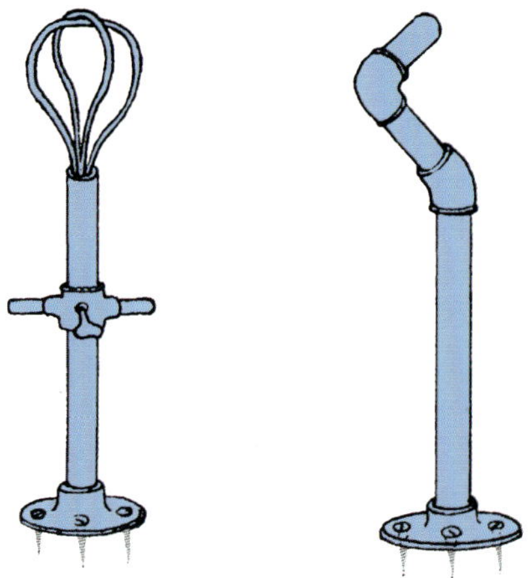

2. *Ébauchez le volume. Au compas, prenez des mesures précises sur le modèle.*

1. *Placez le modèle à même hauteur que l'ouvrage. À l'avant-plan, la selle et l'armature autour de laquelle on modèle l'argile.*

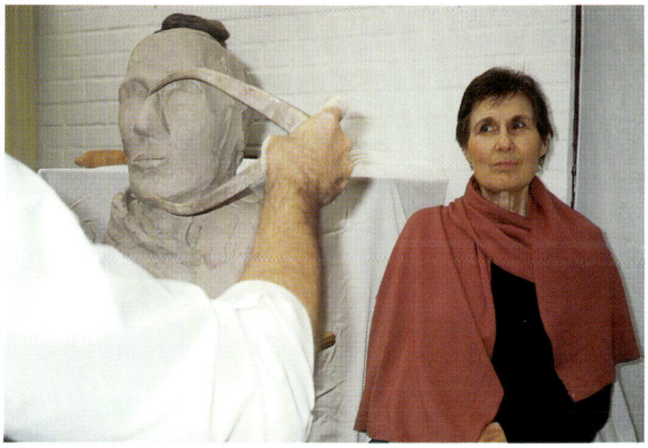

3. *Reportez ces mesures sur l'œuvre.*

Première ébauche du portrait.

Avec évidement de la pièce

Dès que les formes créées dépassent une certaine taille, il est nécessaire de les rendre creuses, afin que l'épaisseur de la terre ne soit pas trop importante. Si ce n'était pas le cas, l'intérieur de la pièce resterait toujours plus ou moins humide, et cette humidité, se transformant en vapeur au cours de la cuisson, provoquerait l'explosion de la pièce.

Idéalement, l'épaisseur des parois de la sculpture devrait être la même partout, pour permettre une contraction régulière de la masse de terre lors du séchage et de la cuisson. L'argile devrait être modelée de façon très compacte pour éviter les poches d'air qui pourraient, elles aussi, faire exploser l'œuvre. L'épaisseur varie de 0,5 cm à plusieurs centimètres suivant les dimensions de la sculpture.

Figurine du type « baby face » provenant de la côte du golfe du Mexique. Civilisation olmèque. Céramique. 41,5 cm. Mexico, musée national d'Anthropologie.

Une forme creuse ne doit jamais être hermétiquement close ; un orifice, même petit, doit toujours être prévu de façon à faire communiquer la cavité intérieure de la sculpture avec l'extérieur. Cet orifice est souvent situé à la base de la pièce ou ménagé à un endroit où il passera inaperçu.

TECHNIQUE D'ÉVIDEMENT

Cette technique est surtout utilisée pour des pièces de taille assez importante. Elle consiste à monter une pièce pleine (éventuellement autour d'une armature), à la laisser sécher légèrement (jusqu'à ce que la surface ait l'aspect du cuir), puis à la tronçonner en deux ou plusieurs parties (dans le sens vertical ou horizontal), à l'aide d'un fil métallique tendu. Ces sections sont opérées aux endroits les plus massifs de l'œuvre. Il faut également tenir compte de l'armature (s'il y en a une) lorsqu'on choisit les sections à découper.

Chaque tronçon est ensuite évidé à la mirette, en laissant vers l'extérieur une épaisseur de terre à peu près égale partout. Les bords à assembler sont ensuite mouillés et guillochés (c'est-à-dire qu'on incise les surfaces à intervalles réguliers, au moyen d'un ébauchoir). Ces surfaces hachurées sont enduites de barbotine afin d'assurer une bonne soudure, puis pressées les unes contre les autres. On efface alors toute trace externe de ce collage, du mieux qu'on peut. Cette technique demande d'intervenir au bon moment, pour ne pas risquer d'endommager la surface de la sculpture.

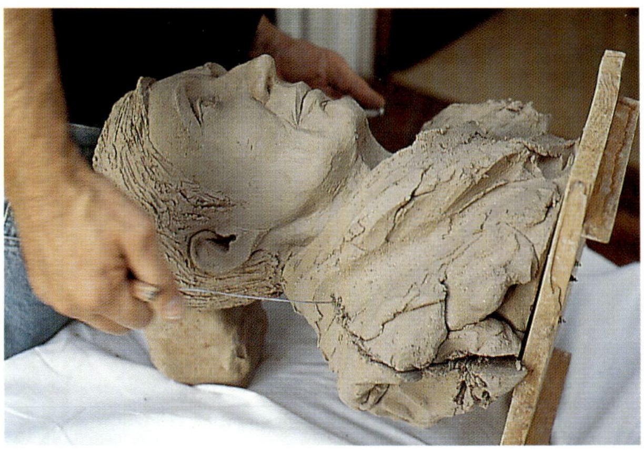

1. Lorsque la surface a atteint la consistance du cuir, coupez la sculpture afin de l'évider. Disposez-la horizontalement, un bloc d'argile soutenant l'arrière du crâne. À l'aide d'un fil d'acier tendu entre deux poignées, tronçonnez la tête en deux dans le sens de la hauteur.

2. À l'aide d'un ébauchoir, marquez le contour qui indiquera l'épaisseur d'argile à conserver.

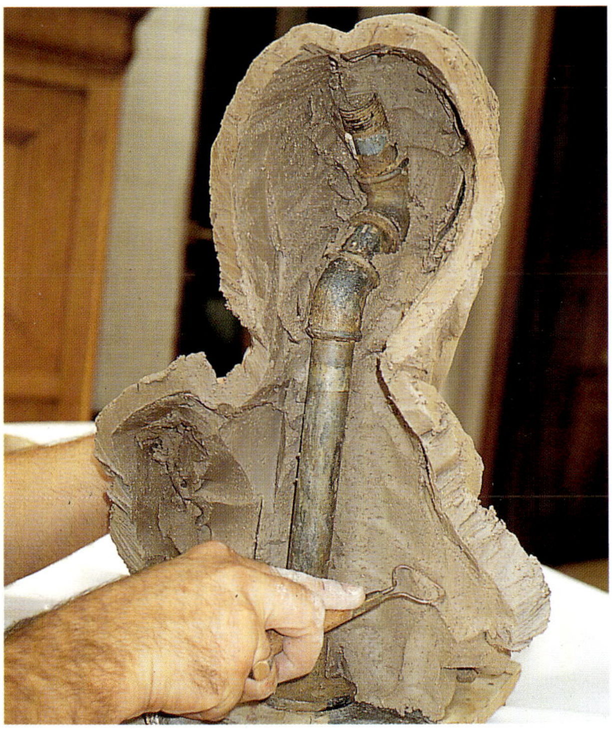

3. Retirez l'argile à l'aide d'une grande mirette, puis dégagez l'armature.

4. À l'aide d'un pinceau, guillochez les bords à joindre et enduisez-les de barbotine.

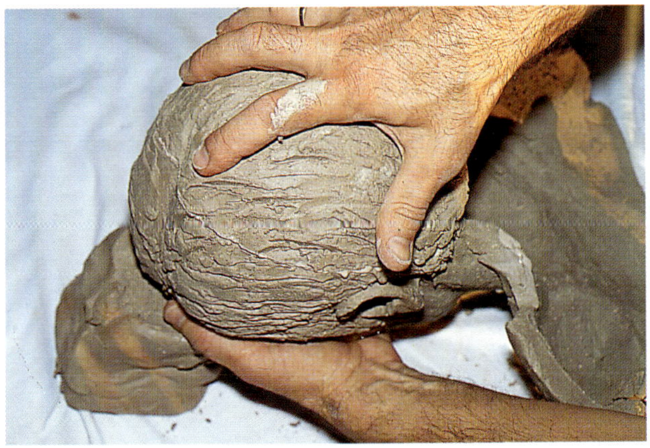

5. Pressez les portions de sculpture à assembler l'une contre l'autre.

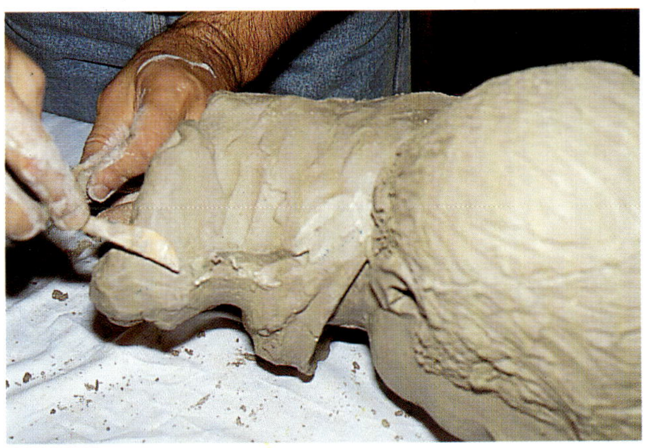

6. Retravaillez la jointure à l'ébauchoir jusqu'à ce que celle-ci ne soit plus apparente.

Les différentes armatures pour figures debout

L'armature doit être suffisamment solide pour supporter le poids de la terre et elle doit pouvoir remplir son office aussi longtemps que durera le travail. En effet, dans le cas d'œuvres grandeur nature, le travail peut durer plusieurs mois. On choisira donc pour l'armature un matériau résistant, non oxydable, comme des tubes d'acier inoxydable ou galvanisé, ou de l'aluminium. Si de l'acier ordinaire est utilisé, on le traitera à l'aide d'un agent antirouille et on le vernira.

Au lieu d'être située à l'intérieur de la sculpture, la tige de soutien peut se trouver à l'extérieur, au dos de la sculpture, généralement. L'extrémité de cette tige est courbée vers le centre, où elle rejoint une armature souple, située, elle, à l'intérieur de la pièce. Le désavantage de cette façon de procéder réside dans le fait que les opérations de modelage et de moulage sont difficiles à réaliser à l'endroit où sort la tige métallique.

La partie souple de l'armature peut être constituée de treillis métallique puisque ce dernier se déforme assez facilement.

On peut également suspendre l'armature à une poutre ou à un système de poulies et de contrepoids qui permettront de faire tourner la pièce aisément autour de son axe et de la soulever sans peine.

Les éléments de l'armature peuvent être soudés entre eux ; dans le cas d'une armature interne, leur assemblage sera définitif et peu de modifications pourront être apportées au squelette de l'œuvre. Il est donc indispensable de bien « penser » sa sculpture avant de réaliser l'armature.

On peut assembler les éléments de soutien de façon moins définitive, au moyen d'attaches en fil d'acier. Si vous utilisez des tubes dont les extrémités sont munies d'un pas de vis, vissez plusieurs de ces tuyaux l'un à l'autre pour former l'armature, ou du moins son axe principal. Pour les ramifications issues de cette tige centrale, utilisez un métal plus flexible, comme l'aluminium.

Suspendez des « papillons » (croisillons de bois) à l'armature principale et disposez-les aux endroits les plus volumineux de la sculpture, afin de soutenir la masse de terre à ces endroits.

Vous pouvez également entourer les tiges de l'armature de planchettes de bois, qui formeront des sortes d'attelles destinées à les renforcer et à constituer des éléments d'accrochage pour la terre, ou bien enrouler également du fil d'acier inoxydable autour des tiges principales de l'armature.

Dans le cas de grandes pièces, attachez aux endroits qui seront les plus volumineux des blocs de bois, de liège ou de polystyrène afin de réduire le volume de la terre et de diminuer ainsi le poids de la pièce.

La base de l'armature principale sera solidement ancrée sur une planche de bois, qui constituera également le socle de la sculpture.

ARMATURE AVEC POTENCE EXTERNE

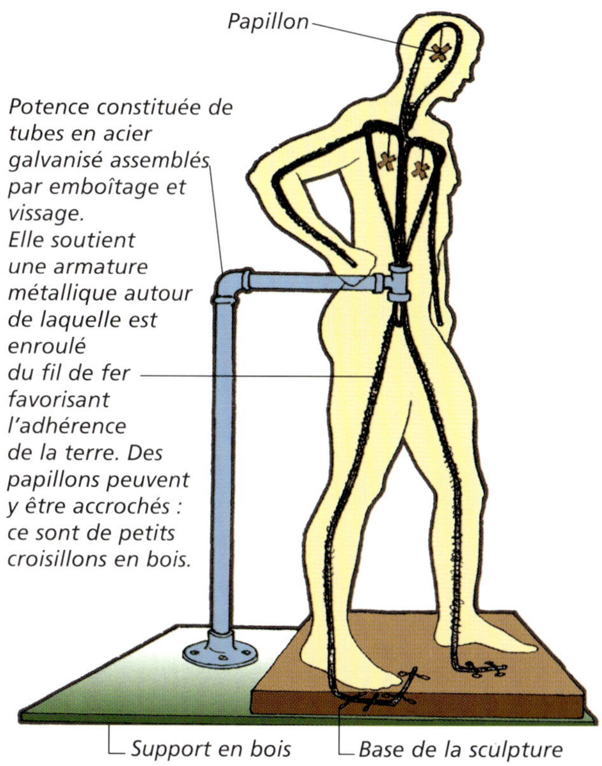

ARMATURE INTERNE POUR UNE FIGURE DEBOUT

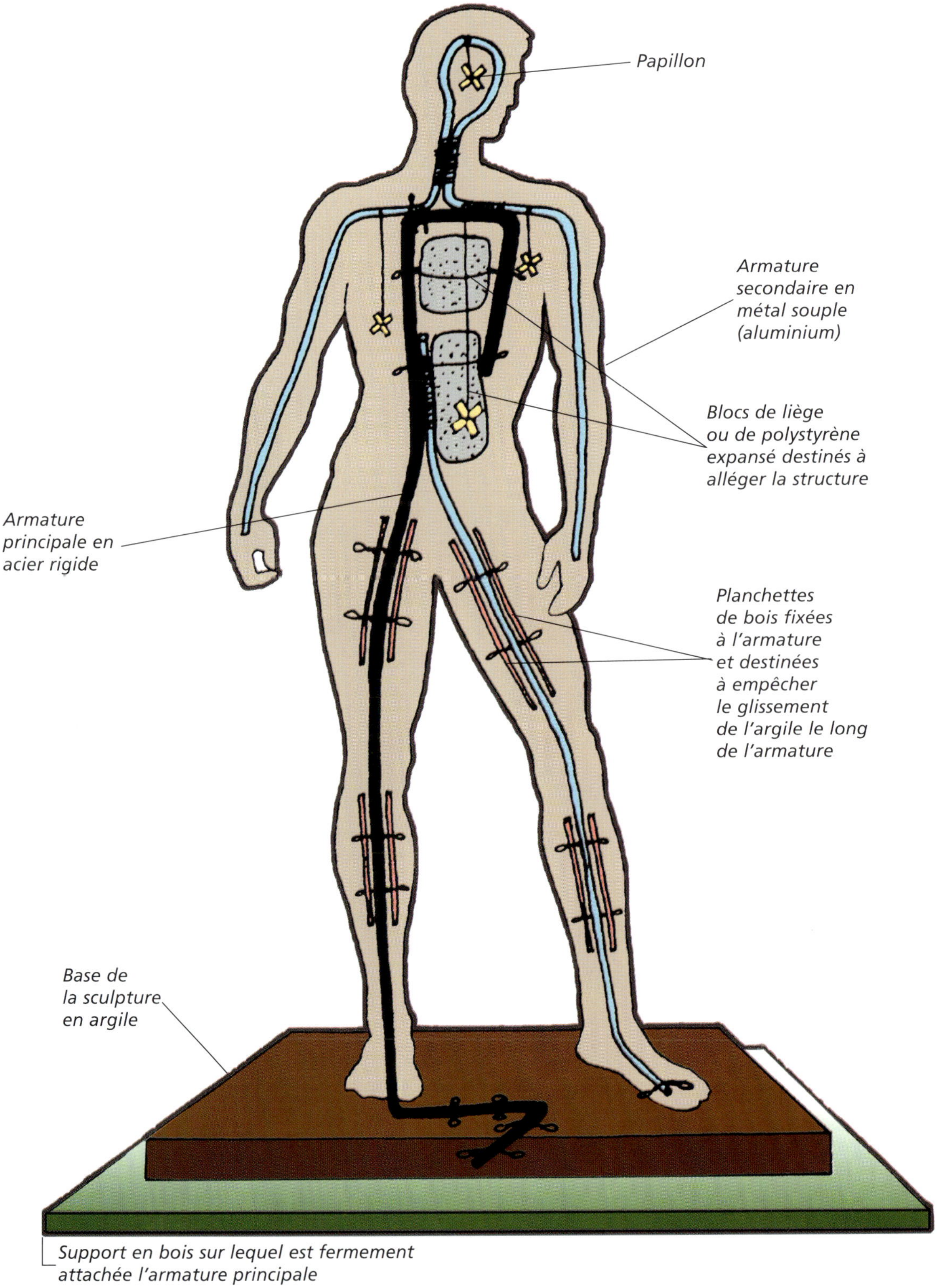

Soutien d'un relief en terre

Un bas-relief se travaille de préférence verticalement, approximativement dans la position et l'éclairage qui seront le sien une fois mis en place. Le support est consistué d'une planche de bois épaisse, entourée d'un cadre plus ou moins profond destiné à contenir la terre. Le tout est installé sur une sorte de chevalet légèrement incliné. Il convient de faire en sorte que la terre garde sa position verticale. Pour cela, plantez des clous à large tête dans la planche de soutien et entortillez du fil de fer autour de ces clous pour former un réseau de soutien. Dans le cas d'œuvres de taille importante, suspendez des « papillons » à la planche là où le volume de terre sera le plus important. Comme il est très difficile de séparer le soutien de l'œuvre terminée, cette technique est à éviter si le relief doit être cuit.

Dans le cas de reliefs de dimensions raisonnables destinés à la cuisson, évitez de planter des clous dans la planche de soutien et contentez-vous de visser des tasseaux de bois à la base et au sommet de celle-ci. Enduisez la planche d'un bouche-pores, puis tassez l'argile entre ces guides et aplanissez la surface au moyen d'une règle. Pendant le travail, maintenez le relief en position verticale sur un chevalet. Lorsque la surface a durci suffisament, dévissez les tasseaux et retirez la planche de soutien. Le relief peut dès lors être évidé par l'arrière sans problème.

Le modelage de formes pleines sans armature

Sans évidement de la pièce à posteriori

Cela n'est possible que dans le cas de petites figurines dont l'épaisseur ne dépasse pas 3 à 5 cm.

Retirez d'un pain de terre une boule qui peut tenir dans votre main et donnez-lui la forme souhaitée. Creusez des trous profonds à la base de la sculpture, là où l'épaisseur est la plus grande afin de créer des évents rudimentaires. Il est bon de laisser sécher ce type de pièce au moins deux semaines avant de la cuire.

Philippe Clérin,
La Semeuse de vent.
Argile chamottée rose.
Cuisson à 1 100 °C.
Hauteur 24,5 cm. 1995.

Les techniques spéciales

La taille d'un bloc de terre, les mélanges de terres, les tissus trempés.

La taille d'un bloc d'argile

Le terme de taille semble contradictoire avec l'esprit de l'argile, matériau modelable par excellence. Mais, à l'état sec, l'argile durcie peut se comparer à des roches friables comme la pierre à savon ou la craie et, à ce titre, elle est susceptible d'être taillée.

Le retrait de matière peut se faire à partir d'un pain d'argile sec ou bien sur du matériel frais, mais le travail n'est pas le même.

Dans le premier cas, utilisez de préférence des pains d'argile homogène, fine, dépourvue de grains, et qui auront été lentement et longuement séchés. Éliminez la matière au moyen de ciseaux à bois frappés doucement à l'aide d'un maillet en bois. Il est préférable de ne retirer que de petites quantités de matière à chaque coup afin d'éviter de fissurer le bloc. Une fois le plus gros de la matière enlevé, utilisez des râpes et des rifloirs, comme pour le travail du plâtre. Cela vous permettra de réaliser des passages subtils entre les différents plans de la sculpture. Le lissage final est obtenu au moyen de papier abrasif très fin. Suivant l'épaisseur de l'œuvre achevée, vous pouvez vous risquer ou non à la cuire.

Dans le cas où le travail s'effectue sur un bloc d'argile fraîche, retirez la matière avec un couteau. Les râpes et les rifloirs sont inutilisables. Une fois l'œuvre terminée, il est possible de l'évider – comme c'est expliqué page 60 – et de la faire cuire après un séchage complet.

1. Assemblez plusieurs pains d'argile de façon à former un bloc homogène, frappez la surface avec les mains et aplanissez les quatre faces à l'aide d'une latte.

2. Dessinez le contour de l'œuvre sur chaque face en prenant pour modèle une petite ébauche.

3. Retirez la matière à l'extérieur des contours du dessin. Procédez par paires de faces parallèles.

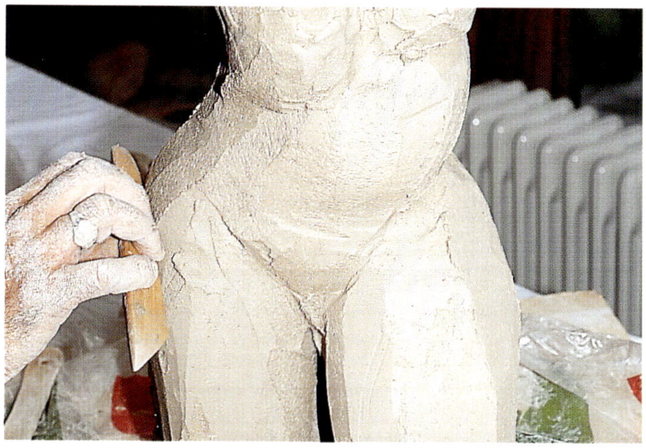

4. Vous obtenez une forme grossièrement équarrie formée de larges plans orthogonaux, il faut ensuite réaliser des passages progressifs entres les plans.

6. Réalisez des striures pour démarquer la chevelure du reste du corps. Pour cela, vous pouvez utiliser un ébauchoir dentelé.

5. Vue de face d'une œuvre en voie d'achèvement. L'ensemble des masses est établi. Le travail de finition aura pour but de donner à la surface l'aspect souhaité.

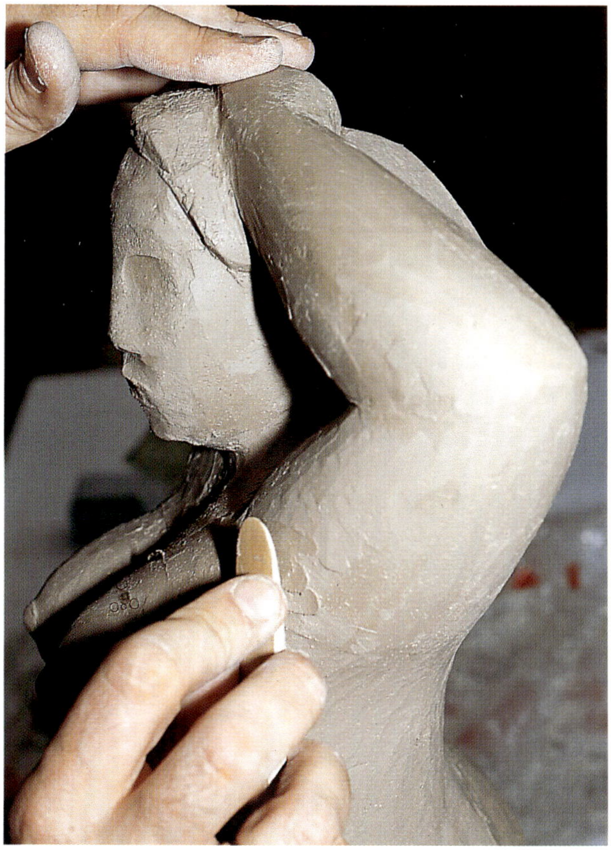

7. À l'aide d'une spatule et lorsque l'argile s'est déjà raffermie réalisez le modelé final par petites touches . C'est le travail le plus long.

Mélanges de terres

Il est possible d'obtenir des effets de marbrure intéressants en mélangeant des terres de couleurs différentes. Cette technique appelée « nériage » était déjà d'usage en Chine ancienne.

La première technique consiste à utiliser des terres naturellement colorées et à les mélanger en les pétrissant ensemble. Le malaxage de l'argile ne doit pas être trop poussé sinon on finit par obtenir une coloration intermédiaire à peu près uniforme, ce qui n'est pas le but recherché.

La seconde technique, plus élaborée, consiste à préparer une argile de base de teinte claire, que l'on divise en plusieurs pains auxquels sont ajoutés divers oxydes métalliques de façon à leur conférer des colorations plus foncées et plus variées. Cette façon de procéder est sans doute préférable à la première dans ce sens que les argiles mélangées sont constituées du même matériau de base, doué des mêmes qualités de retrait et réagissant de la même façon à la cuisson, ce qui diminue le risque de déformations.

En pratique, les mottes d'argile de colorations diverses sont aplaties sous forme de galettes et superposées les unes aux autres tout en étant fortement pressées. On prépare de la sorte une quantité de matière suffisant à la réalisation du travail projeté et on découpe la masse d'argile bigarrée en tranches obliques que l'on utilise par pressage dans des moules.

Le pain d'argile peut aussi être travaillé en éliminant de la matière, la succession des strates restant ainsi intacte et visible.

Allessandra Bonoli,
projet de sculpture monumentale.
Hauteur : 40 cm.
Profondeur 23 cm.
Argile réfractaire et terre noire.
Cuisson à 980°. 1993.

Trempage de matériaux combustibles ou fusibles

Des matériaux organiques susceptibles de se consumer ou de fondre à haute température peuvent servir de charpente et de support provisoires pour des argiles de consistance très molle ou des engobes dont ils auront été enduits. Le choix des argiles se portera naturellement sur des variétés présentant un faible taux de retrait.

Parmi les matériaux utilisables, citons : le papier et le carton, les tissus en général, la toile de jute, les fibres de chanvre, le raphia, les feuilles de maïs, la paille, la ficelle, la corde, etc.

Le matériau combustible est assemblé de façon à obtenir la forme générale souhaitée. Ensuite, il est soit trempé dans de l'engobe de façon à être recouvert d'une fine couche d'argile, soit enduit d'argile très fluide, à la main ou à l'aide d'outils (spatules, brosses). Plusieurs couches peuvent être superposées afin d'obtenir une épaisseur jugée suffisante pour assurer la robustesse de l'œuvre. Il faut bien se pénétrer de l'idée que le matériau de soutien cessera d'exister au cours de la cuisson. Il se consumera et il ne restera plus qu'une très mince épaisseur d'argile pour soutenir la pièce .

Pour éviter de devoir manipuler la pièce, il est recommandé de la réaliser d'emblée sur une plaque d'enfournement, qui pourra d'ailleurs servir de socle à l'œuvre cuite.

L'argile-cellulose

Ce nouveau matériau composite, constitué de fibres de cellulose associées à des particules d'argile, est excessivement prometteur, en particulier pour son emploi en sculpture.

Développée au début des années 1990 par les Anglo-Saxons (J. Caplan, D. Ellery, Brian Gartside, Rosette Gault, Graham Hay), cette technique commence à faire son apparition en France. Son caractère révolutionnaire par rapport à l'esprit traditionnel de la sculpture en terre a peut-être retardé son usage dans nos ateliers. Et pourtant, elle ouvre de nouvelles voies à la sculpture, de la même façon que l'usage de l'acier soudé a régénéré le vocabulaire formel de la fin du XIXe siècle.

En effet, les limitations du matériau traditionnel sont repoussées, voire abolies, par ce nouveau médium. La pesanteur, la fragilité, à l'état cru, le risque de craquelures au séchage et à la cuisson, autant de défauts qui sont éliminés par l'argile-cellulose. La liberté d'expression et la spontanéité du travail en sont accrues.

Le matériau peut se souder à lui-même, aussi bien à l'état frais qu'à l'état sec, et même après cuisson.

Étant peu sujet au retrait, il peut se monter autour d'une armature rigide ou semi-rigide comme du treillis métallique et subir une cuisson sans qu'il soit nécessaire de retirer celle-ci au préalable. De plus, la légèreté de l'argile-cellulose autorise la réalisation de grandes pièces. La solidité du matériau cru facilite la manipulation des œuvres avant et pendant l'enfournement.

Préparez deux récipients de volume identique. Remplissez l'un d'argile pulvérulente, l'autre de petits morceaux de papier journal. Versez ceux-ci dans un seau à moitié rempli d'eau chaude.

Au bout de quelques jours, mélangez la pulpe de papier (de couleur grise) à l'argile à l'aide d'un mélangeur électrique.

L'argile-cellulose présente un autre avantage : il est possible d'y incruster des matériaux divers lorsqu'elle est encore molle et de la cuire sans provoquer de fissures dues au retrait. On peut aussi y associer des métaux à haut point de fusion (acier, bronze, cuivre), du verre, des fragments de terre cuite, etc.

Son usage est économique et écologique puisqu'il permet de récupérer la plupart des papiers ménagers (vieux journaux, publicités, annuaires téléphoniques, etc.) qui encombrent nos poubelles et réduit d'un tiers environ la consommation d'argile. De plus, l'argile-cellulose supporte de rapides changements de température, de sorte qu'il est possible de réduire le temps de cuisson d'une fournée, ce qui diminue le prix de revient des œuvres. La cuisson peut même commencer avant que le matériau soit complètement sec.

PRÉPARATION DE LA PÂTE

Pour préparer la pulpe de papier, utilisez de vieux papiers réduits en petits fragments (à la main ou à l'aide d'une machine). Le papier réalisé à partir de coton ou de lin pur se dissocie plus facilement dans l'eau et constitue donc un matériau de choix. Néanmoins, le papier journal ordinaire ainsi que les annuaires téléphoniques conviennent parfaitement à cet usage. En revanche, il est déconseillé d'utiliser du carton ou du papier glacé qui ne se dissocient pas convenablement dans l'eau.

Plongez les fragments de papier dans de l'eau très chaude (environ le double du volume d'eau par rapport au volume de papier). Ajoutez ensuite de l'eau bouillante jusqu'à ce que les fragments puissent être remués dans le récipient. À l'aide d'un mélangeur électrique, brassez le mélange jusqu'à disparition complète des particules de papier. Vous devez obtenir une pulpe homogène, que vous laisserez reposer une nuit avant d'éliminer l'eau qui surnage. Vous pouvez ajouter un agent désinfectant (Dettol, par exemple) pour assurer une bonne conservation de la pulpe, au cas où elle ne serait pas utilisée immédiatement.

Dans un autre récipient, préparez de l'argile sous forme pâteuse, en dissolvant de la poudre d'argile, ou de l'argile sèche finiment concassée, dans de l'eau. Lorsque les deux constituants sont bien homogènes, réalisez le mélange final dans un seau en brassant une part de pulpe de papier avec deux parts d'argile molle, le tout malaxé au mélangeur électrique. Si le mélange est trop

1. Les divers éléments, en argile-cellulose sèche, à assembler pour réaliser une chaise.

2. Appliquez à la brosse de la barbotine d'argile-cellulose sur une tige.

3. Collez immédiatement cette tige. Chauffez le joint au décapeur thermique.

4. Fixez ainsi les quatre pieds de la chaise.

5. Soudez les éléments du dossier selon le même procédé.

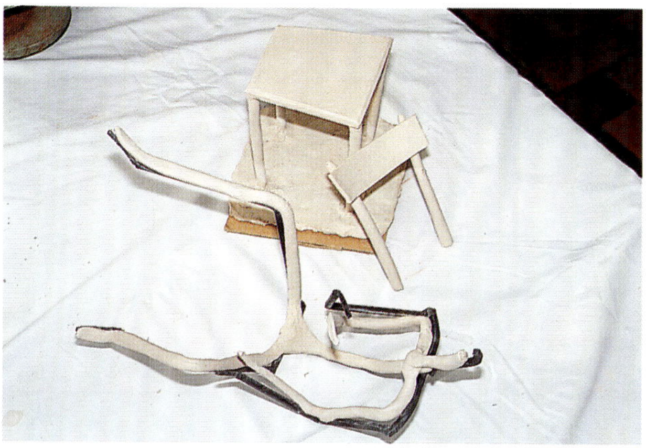

Ici, une armature métallique sert de soutien à un squelette d'argile-cellulose.

compact, ajoutez un peu d'eau, quitte à étaler la pâte sur des plaques de plâtre par la suite pour absorber l'excédent de liquide.

À la place du papier, vous pouvez utiliser de la gaze ou des compresses en coton. Les fibres peuvent être réduites et séparées par trempage et brassage. Pour une part (pondérale) de gaze, on ajoute dix parts d'argile. Le mélange décante pendant une nuit et l'excès d'eau est éliminé.

TECHNIQUES D'UTILISATION

Travail sur matériel frais : cela correspond au travail classique de l'argile, à la différence que l'argile-cellulose peut s'appliquer sur une armature rigide ou semi-rigide permanente. La forme de la sculpture peut être ébauchée au treillis métallique et celui-ci être recouvert de bandelettes de gaze trempées dans de la barbotine d'argile-cellulose. On dépose ensuite la matière fraîche sur cette armature. Le séchage peut s'effectuer beaucoup plus rapidement qu'avec l'argile classique. Il peut même être accéléré au moyen d'un décapeur thermique.

Application de matériel frais sur matériel sec : il est toujours possible de rajouter de nouveaux éléments ou une épaisseur supplémentaire de matière fraîche sur une sculpture en argile-cellulose même si celle-ci est déjà complètement sèche. Il suffit de mouiller légèrement l'endroit où on rajoutera de la matière et d'utiliser pour cet ajout de l'argile-cellulose plutôt molle. En effet, le matériau sec absorbe l'eau. On étend la barbotine d'argile-cellulose sur une surface sèche au moyen d'une brosse. On pourra réaliser de la sorte des effets de surface intéressants.

Soudure d'éléments secs entre eux : il est possible de réaliser des éléments préfabriqués (des plaques, des tiges, etc.) qu'on laisse sécher et qui seront utilisés plus tard, par assemblage. Les éléments sont soudés entre eux au moyen de joints en barbotine d'argile-cellulose. La rapidité de prise de ces joints (une dizaine de secondes par temps chaud et sec) permet de travailler un peu dans l'esprit de l'assemblage d'éléments en acier par soudage autogène. Des tiges d'argile-cellulose sèche sont assemblées de façon à former une armature ou un squelette sur lequel sont collées des plaques planes ou courbes. Des pièces de grandes taille peuvent ainsi être montées rapidement et avec légèreté. Il est même possible de souder entre eux des éléments déjà cuits, toujours au moyen de barbotine d'argile-cellulose qui fait office de colle. La pièce terminée est alors recuite.

ENTREPOSAGE ET RÉUTILISATION DU MATÉRIEL SEC

Les éléments secs peuvent se conserver indéfiniment à l'abri de l'humidité.

Les déchets d'argile-cellulose secs peuvent toujours être réutilisés. Il suffit de les réduire en petits fragments et de les plonger dans de l'eau chaude. Au bout d'une heure environ, on peut réutiliser la pâte.

SÉCHAGE, RÉPARATION ET CUISSON

Le séchage est rapide et ne nécessite pas de précautions particulières. Si des dégâts surviennent pendant le transport de l'œuvre, il est aisé de les réparer avec un peu de barbotine et de sécher la préparation au moyen d'un décapeur thermique. De toute façon, il est possible d'enfourner des pièces qui ne sont pas totalement sèches et de commencer la cuisson très doucement. Une bonne ventilation du four et de l'atelier est indispensable étant donné que les matières organiques qui se consument entre 300 et 500 ° produisent de la fumée. La matière, une fois cuite, a un aspect semblable à celui de la terre cuite traditionnelle. Le tesson est peut-être plus poreux, mais il est possible de lui appliquer une glaçure conventionnelle. Comme le matériau sec est assez robuste, il n'est pas indispensable de cuire une pièce destinée à être exposée à l'intérieur. Elle peut simplement être protégée par une couche de cire.

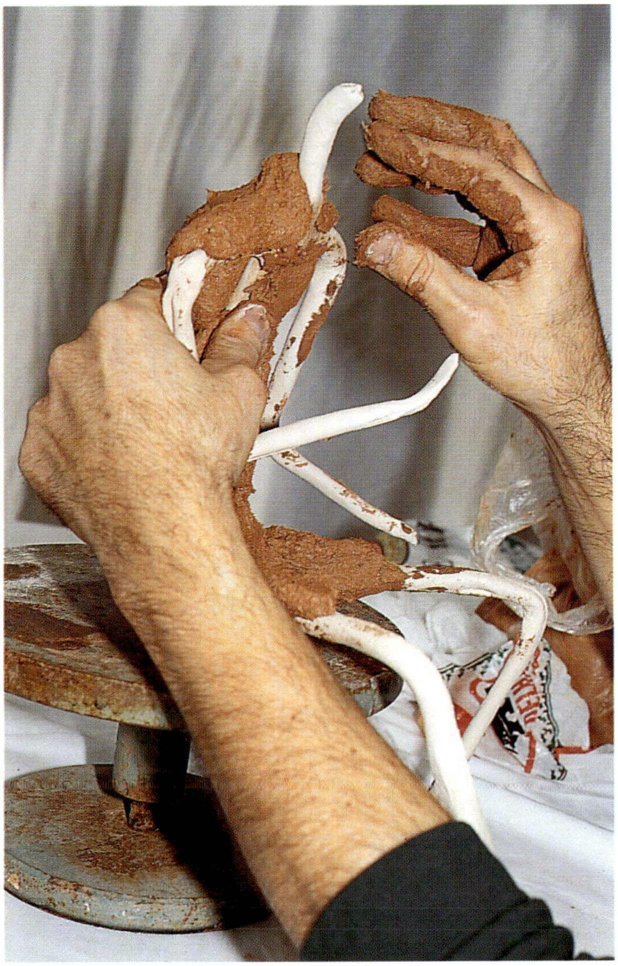

Lorsque le support métallique est sec, détachez-le et ajoutez de l'argile-cellulose fraîche.

La sculpture en terre : étude préparatoire ou œuvre achevée

La terre, comme il a été dit, est fréquemment employée dans l'approche préparatoire, du fait de sa grande maniabilité, de sa grande souplesse d'utilisation. La dimension des études préparatoires est le plus souvent fonction des matériaux et des techniques qui seront utilisés pour l'exécution de l'œuvre définitive (dimension équivalente dans le cas du plâtre ou du métal, inférieure si l'on emploie la technique de la taille). D'autre part, il arrive parfois que pour une œuvre importante, un modèle en terre, du fait de sa fragilité, ne suffise pas. L'artiste élaborera dans ce cas un modèle en plâtre.

Au cours des siècles, la plus ou moins grande utilisation de l'étude préparatoire semble avoir été liée à plusieurs facteurs. Le premier est lié à l'évolution des mentalités concernant le processus de création et le second au choix et à l'importance du matériau. Ainsi, en Grèce, et pour ce qui est de la sculpture monumentale, le seul matériau possible (peut-être aussi parce que le plus dur), digne d'être travaillé était le marbre. Pour dégager la figure du bloc, les artistes dessinaient directement les contours de celle-ci sur le marbre. C'est surtout à partir du XVe siècle, période de grands bouleversements de leur statut, que les artistes vont progressivement prendre l'habitude de penser la sculpture, non plus systématiquement à partir de la pierre, mais à partir des esquisses modelées. Ils vont en effet vouloir de plus en plus libérer la création des contraintes philosophiques (opinion selon laquelle la figure, l'idée est déjà contenue dans le bloc de marbre) et donc celles, matérielles, imposées par la technique de la taille (il eût été impensable, à cette époque, d'utiliser plusieurs blocs pour une même œuvre). On estimait en outre qu'une exécution laborieuse nuisait à la spontanéité de la conception initiale. Ainsi le modeleur devenait-il en quelque sorte le véritable sculpteur, tandis que l'exécution définitive dans un autre matériau plus solide, était confiée à un auxiliaire ou à plusieurs. En effet, tandis que l'on avait jusqu'alors accordé une plus grande importance au produit fini qu'à sa conception, cette dernière devait prendre de plus en plus d'importance. Des historiens d'art ont d'ailleurs lié cette évolution des relations entre la phase de conception et celle d'exécution de l'œuvre à la naissance des ateliers individuels. En fait, certains artistes se sont surtout attachés à mettre en valeur l'indissociable unité entre création et réalisation de l'œuvre. C'est le cas de Michel-Ange – sur lequel nous allons revenir – mais aussi d'autres artistes qui, plus tard, ont également laissé transparaître dans l'œuvre définitive les traces du processus d'élaboration de la sculpture. Il en est ainsi dans certaines œuvres en bronze, donc issues d'un modelage en terre, de Medardo Rosso, de Rodin ou de Matisse.

La technique de Michel-Ange, qui consistait à maintenir l'imprécision des détails jusqu'à ce que la forme de l'ensemble soit arrêtée, lui permettait de poursuivre la conception pendant l'exécution même de l'œuvre. Cette méthode s'accordait tout à fait avec sa conception organique de la sculpture, mais aussi de l'architecture qui impliquait que la modification d'une partie de l'œuvre imposât de modifier également les autres parties. On peut supposer que les modèles d'argile de Michel-Ange lui permettaient surtout d'étudier plus précisément les effets de la tridimensionnalité.

Une autre raison de l'utilisation de l'étude préparatoire est liée à la question du « point de vue ». Ainsi certains historiens d'art ont-ils constaté que beaucoup d'artistes qui ont produit des sculptures à points de vue multiples, avaient souvent eu recours aux esquisses modelées. Rodin par exemple souhaitait que ses sculptures supportent d'être vues sous tous les angles, de sorte qu'on rencontrât toujours un aspect nouveau et équilibré expliquant les autres. À partir de sa grosse motte de terre, et en tournant sans cesse autour de celle-ci et de son modèle, il serrait et épurait progressivement différents profils qu'il voyait. Il ne faut pas non plus oublier que des sculpteurs privilégiant un point de vue unique se sont également beaucoup servis de ces esquisses modelées. Il semble qu'en définitive, ces études en terre, ou maquettes – terme plus contemporain – aient surtout servi à envisager l'aspect général d'une sculpture. D'ailleurs, certains sculpteurs utilisent parfois davantage le dessin pour travailler les aspects plus particuliers.

MICHEL-ANGE,

Étude pour le combat d'Hercule et Cacus.
Terre cuite. Hauteur 42 cm. 1508.
Florence, Casa Buonarroti.

DÉCORATIONS DE SURFACE

En sculpture, il est souvent conseillé de laisser le plus d'unité possible à la surface afin de révéler au mieux ses qualités intrinsèques de modelé.

Néanmoins, il peut être utile de décorer certaines parties d'une sculpture – par exemple les vêtements dans le cas d'un personnage – pour obtenir des effets de contraste qui feront ressortir d'autres parties de l'œuvre.

Ces techniques sont très utilisées en céramique : ce sont elles qui rythment la surface de la pièce.

Certaines d'entre elles font appel à des modifications du relief (gravure, estampage, texturage), d'autres, à des variations de coloration de la surface ou encore à la combinaison de ces deux éléments. La décoration de la surface se réalise en général avant l'opération de séchage ou au cours de celle-ci, sur une argile ayant la consistance du cuir. À ce stade, la forme générale se conserve, mais la surface peut encore aisément être entamée par un instrument coupant. Dans le cas où la surface est recouverte d'engobes, l'eau qui entre dans leur composition n'est pas entièrement absorbée par l'argile sous-jacente encore humide. Cela favorise une bonne adhérence de l'engobe et évite qu'il se craquelle.

1. Pour réaliser une semelle d'argile, future base de l'édifice, aplatissez avec la main ou utilisez un rouleau à pâtisserie.

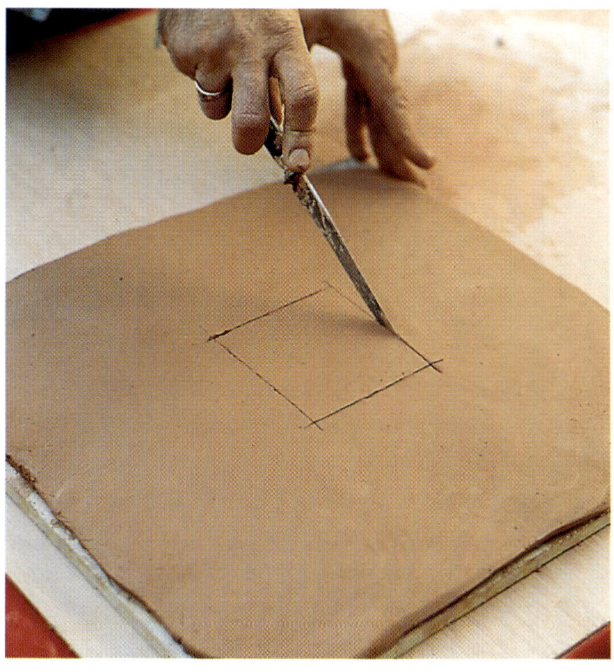

2. À l'aide d'un couteau, incisez le tracé de la découpe à effectuer dans la plaque d'argile.

3. Montez en premier la partie centrale la plus élevée . Au couteau, creusez une ouverture (aucun des volumes créés ne peut être hermétiquement clos).

5. Soudez la plaque horizontalement, entre deux parties verticales.

4. Enduisez de barbotine le bord guilloché avant de fixer une plaque.

6. Courbez des baguettes souples en acier à angle droit de façon à former un dôme, destiné à soutenir un linge humide entre deux séances de travail. De cette façon, le tissu n'entre pas en contact avec la sculpture.

Décors en relief

Le décor estampé

La surface à décorer est pressée au moyen de formes, en relief ou en creux, qui impriment en elle des motifs répétitifs ou non. Les sceaux utilisés à cet effet sont en terre cuite, en plâtre, en bois ou en métal.

Pour la confection de décors continus en frise, on utilise des molettes ou des sceaux en rouleaux faits d'argile cuite ou de métal.

La technique du texturage consiste à estamper des matériaux divers (tissus, treillis, cannage, carton ondulé, etc.) à la surface de la sculpture.

Estampez avec des outils de formes variées afin de créer des motifs répétitifs.

MOLETTES POUR ESTAMPAGE DE MOTIFS

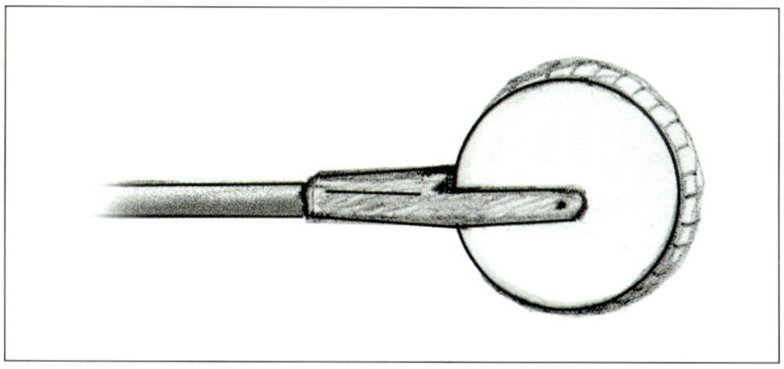

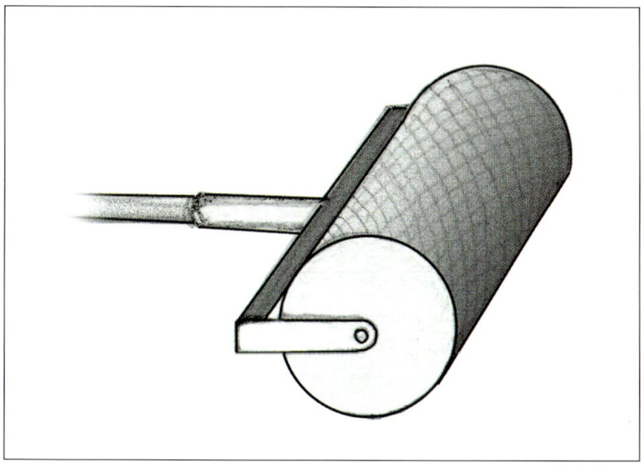

Traces laissées dans l'argile par estampage d'un morceau de fer à béton.

Traces laissées dans l'argile par grattage avec une lame de scie.

Le décor gravé

On le réalise aisément au moyen d'outils pointus en bois ou en métal sur une terre de consistance lisse, dépourvue d'inclusions solides.

Sur une argile déjà partiellement durcie, on peut utiliser des outils métalliques à pointe effilée.

Des outils en bambou à l'extrémité taillée en biseau créent des traces particulièrement heureuses. Des gouges ou des burins de formes diverses servent à faire des rainures profondes tandis qu'on utilise le bouvet pour creuser des cannelures. On réalise des stries parallèles ou des hachures au moyen de peignes.

Créez les ouvertures à l'aide d'un couteau.

Pour obtenir une surface rugueuse, raclez-la avec une lame de scie.

Le décor appliqué

Il s'agit d'éléments décoratifs, réalisés à part avec de l'argile, et qui sont appliqués sur la sculpture a posteriori. Le revers de l'applique est guilloché et enduit de barbotine avant d'être pressé contre la surface à décorer.

Le décor en question est fait de boulettes, de colombins, de plaquettes gravées, ajourées ou estampées, de cônes, etc.

Dans l'exemple ci-dessous, de petits cônes d'argile sont appliqués en surface une fois l'ensemble achevé afin de donner une finition au décor.

Les petis cônes d'argile sont appliqués en surface.

Décors peints

On peut peindre la pièce avec des pigments minéraux tels que les terres de Sienne, terres d'ombre, ocres jaunes ou rouges, etc. Ces pigments adhèrent mieux à la terre sous-jacente si on les utilise sous forme de gouaches. Par exemple, la gouache blanche donne une coloration blanche, l'ocre jaune une fois cuit, un rouge-brun foncé, les terres donnent diverses nuances de bruns, la gouache dorée se transforme en un noir métallique mat et le noir devient un vert olive transparent.

Le décor à l'engobe

Un engobe est une barbotine de terre colorée appliquée sur une argile crue ou sur un biscuit afin d'en modifier la coloration. Cet engobe peut être composé d'argile naturelle ou d'un mélange d'argile et d'oxydes.

Dans le cas où la pièce à colorer est encore humide, il n'y a aucune difficulté ; l'engobe adhérera bien à la surface, qu'il soit appliqué au pinceau, par trempage ou par vaporisation.

Si la pièce à colorer est déjà sèche et a subi le retrait ou la cuisson, il est plus risqué de lui appliquer un engobe, mais c'est possible (il faut alors que l'engobe ait un retrait inférieur à celui de l'argile qu'il recouvre).

Divers oxydes ajoutés à la barbotine donnent une coloration mate soutenue à l'engobe, après cuisson.

Il faut noter que la coloration obtenue avec un oxyde dépend de la température de cuisson et aussi de l'atmosphère – oxydante, neutre ou réductrice – qui règne dans le four. Une atmosphère réductrice favorise plutôt l'apparition de tons froids, les tons chauds étant obtenus par une atmosphère oxydante. On peut y mélanger des oxydes colorants afin d'obtenir des nuances variées.

Si vous désirez obtenir une surface brillante, ou encore aviver les couleurs, il sera nécessaire de recouvrir l'engobe d'une glaçure transparente.

Pour obtenir des taches de couleur, ajoutez à la barbotine des matériaux colorants en grains (par exemple du manganèse granulé, de l'ilménite granulée, de la brique pilée ou du schiste).

Pour les décors linéaires, utilisez la poire à engobe, encore appelée poire à traînée (voir schéma ci-dessous). Vous pouvez vous confectionner une poire à engobe au moyen d'une poire à lavements en caoutchouc, munie d'un tuyau en plume d'oiseau. Pour le remplissage, prévoyez une ouverture assez large qui pourra être obturée au moyen d'un bouchon.

Pour ce type d'utilisation, il est bon de préparer des engobes assez épais et d'y ajouter un peu de gomme adragante qui augmentera leur adhérence. Le dessin à l'engobe est assez difficile, car il ne permet ni repentirs ni hésitation.

Pour un effet de marbrures, vous pouvez appliquer l'engobe localement au moyen de tampons de tissu ou d'éponges naturelles.

L'engobe peut recouvrir la pièce complètement, mais vous pouvez aussi la gratter par endroits pour laisser apparaître la couleur de l'argile sous-jacente.

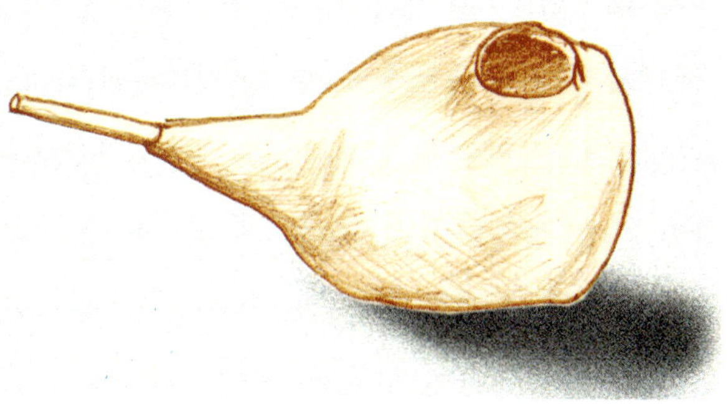

Exemple de poire à traînée d'engobe

Soundie Sexe,
Ad Vitam.
Assemblage d'éléments en faïence blanche et en raku avec incorporation d'un livre ancien.
56 x 27,5 x 20 cm. 1992.

La polychromie

L'utilisation de la polychromie peut avoir un but esthétique quand il s'agit de faire passer un matériau jugé déplaisant, trop pauvre, pour un autre (bois peint par exemple). Le but recherché peut aussi être illusionniste, le sculpteur utilisera ainsi des couleurs vraisemblables, « réalistes » pour les différentes parties du corps. La couleur peut même plus précisément avoir comme fonction de faire ressortir, de mettre en valeur le volume, le relief de certaines parties du corps ou d'un visage au détriment d'autres (scarifications sur le corps dans la sculpture africaine). Enfin, certains sculpteurs ont au contraire choisi la polychromie pour conférer à certains matériaux, le marbre notamment, un côté surnaturel.

Dans certains pays, la polychromie revêt une fonction plus symbolique. Ainsi, en Afrique noire, les sculpteurs se servent de la polychromie pour manifester, rendre visible un état de changement par rapport à la physionomie normale du visage. L'application des fards entraîne en effet une certaine rigidité s'opposant à la souplesse de la peau. « L'acte pictural contribue à changer l'apparence pour mieux assurer la déshumanisation, la dépersonnalisation et pour annihiler toute identification ou référence à ce qui relève de la vie de tous les jours. En effet, la décoration corporelle conçue comme une parure rituelle à l'occasion d'un mariage, d'un deuil ou d'un autre événement important confirme, en instaurant une modification du temps, une rupture dans l'ordre du quotidien », souligne Christiane Falgayrettes-Leveau. Le choix de la polychromie est donc ici plus symbolique, il est lié aux principes idéologiques qui conditionnent la vie de l'individu dans sa relation au monde. Le choix des couleurs est dans ce cas réglementé : les différentes couleurs (surtout le blanc, le rouge, le noir et leurs variantes) sont ainsi utilisées pour des événements bien précis et sur des parties du corps spécifiques.

L'évolution des goûts et donc des mentalités a eu également une certaine influence dans le choix d'employer ou non la polychromie, celle-ci différant dans ses effets suivant le matériau utilisé (bois, marbre, pierre, terre). On sait que les Grecs coloriaient déjà, outre les bâtiments, certaines parties de leurs sculptures en marbre (notamment les yeux, les cheveux et les vêtements). Rome introduisit le marbre blanc. La sculpture médiévale quant à elle, réintroduisit la polychromie sur pierre, bois, ivoire. C'est surtout à la Renaissance qu'apparut une importante dichotomie : la sculpture « noble », destinée au public éclairé, imitait les marbres monochromes de Rome, tandis que la polychromie était presque exclusivement réservée aux œuvres populaires réalisées dans des matériaux peu onéreux. Nous avons pourtant vu combien la terre cuite polychrome chez les Étrusques, nous avait laissé de vrais chefs-d'œuvre. De même, que dire des vases grecs ou de ces magnifiques petites sculptures appelées « Tanagra » ? (voir page 53). Le dédain vis-à-vis de la terre cuite polychrome explique aussi en partie pourquoi on a mis si longtemps à reconnaître que le buste de Niccolo da Uzzano en terre cuite peinte (ci-contre) était bien l'œuvre de Donatello ; l'autre raison, nous l'avons vu, est liée au procédé du moulage. La même polémique eut lieu à propos d'un buste en terre cuite, également coloriée, de Laurent le Magnifique, grand mécène de Michel-Ange, que l'on avait peine à attribuer, pour les mêmes raisons, à Verrochio. On a prétendu que ces terres cuites étaient de simples répliques, faites par des assistants, de pièces maîtresses en marbre non coloré exécutées par le chef d'atelier pour un commanditaire.

DONATELLO, buste de Niccolo da Uzzano. Terre cuite polychrome. Hauteur 46 cm. 1430. Florence, musée du Bargello.

LE SÉCHAGE ET LA CUISSON

Séchage

Four électrique.

Une fois le modelage accompli, la pièce doit sécher lentement à l'air. L'eau commence par s'évaporer à la surface. L'eau située plus en profondeur est drainée par capillarité et les particules d'argile se rapprochent les unes des autres, progressivement, en provoquant une diminution de volume de la masse de terre initiale. Un séchage trop rapide causera des fissures. Mettez donc la pièce à sécher à l'abri du soleil, de la chaleur et des courants d'air. Le temps requis pour un séchage complet dépend de l'épaisseur de la pièce. Le séchage d'une grande sculpture aux parois épaisses peut durer plusieurs semaines.

Les terres poreuses permettent à l'humidité de s'échapper plus rapidement que ne le font les terres imperméables, leur séchage est donc plus rapide et plus sûr. Cette porosité est due aux grains de sable ou de chamotte présents dans la terre. Le sable ou la chamotte ne devront pas avoir un grain trop fin si on veut qu'ils servent à la ventilation de la masse argileuse. Le séchage peut être ralenti en recouvrant la pièce de papier journal ou d'un tissu sec. Plus le climat est chaud et sec et plus il faut prendre de précautions, car la terre sèche alors assez rapidement en surface et le travail risque d'être sérieusement endommagé par des fissures plus ou moins profondes. Il faut également tenir compte de la température de la pièce et de son degré d'humidité. Si la sculpture comporte des excroissances plus fines, il faut entourer ces dernières de linges très légèrement humides afin d'empêcher qu'elles ne sèchent plus rapidement que le reste. Pour savoir si une pièce est suffisamment sèche pour la cuisson, on la teste en la posant contre sa joue. Si on ressent une sensation de froid, c'est qu'elle contient encore trop d'eau. De plus, l'argile sèche est beaucoup plus pâle que l'argile humide.

Hélène Chambron,
Fou rire. Grès rose chamotté et patiné. 22 x 17 x 17 cm. 1993.

Finition

Certaines opérations de finition ou de décoration doivent se réaliser avant que la pièce ne soit complètement sèche. Généralement, on attend que soit atteint le stade de la « consistance du cuir ». Ce stade se caractérise par une malléabilité réduite et une certaine élasticité, ce qui permet la manipulation prudente de la pièce. C'est à ce moment que sont éliminés les joints qui peuvent déparer une pièce moulée, ou que sont assemblées les diverses parties d'une pièce. Les surfaces à souder sont guillochées à l'aide d'une spatule et enduites de barbotine avant d'être pressées l'une contre l'autre. C'est également à ce stade que s'effectue le lissage des surfaces, à l'aide d'un galet ou d'un brunissoir. La surface acquiert ainsi un aspect luisant. Elle peut alors être incisée à l'aide d'un outil et le sillon ainsi créé peut être rempli d'une argile de couleur différente. On peut aussi imprimer un motif répétitif en creux dans la surface ou, au contraire, appliquer des éléments en relief sur celle-ci.

Utilité de la cuisson

La cuisson est le processus par lequel l'argile crue est transformée en un matériau solide et permanent : la terre cuite. Le grand nombre d'objets en terre cuite provenant de la préhistoire et de l'Antiquité atteste de la grande longévité du matériau, même si celui-ci nous est souvent parvenu sous forme de fragments. En effet, la cuisson n'empêche pas le matériau d'être sensible aux chocs, mais elle en augmente énormément la dureté.

L'argile crue et sèche est extrêmement fragile et sensible à l'action de l'eau. D'autre part, l'aspect de la terre cuite est beaucoup plus attrayant que celui de l'argile crue. Cette dernière a souvent une teinte assez terne tandis que la cuisson lui confère un aspect plus coloré et chaleureux. Les multiples cycles de cuisson que peut subir une œuvre céramique lui confèrent un aspect lustré ou vitrifié suivant la nature de la glaçure qui lui a été appliquée. Peu d'œuvres en terre crue sont parvenues jusqu'à nous. Paradoxalement, les plus anciennes traces de l'usage de l'argile en sculpture – les fameux bisons du Tuc d'Audoubert (page 17) – sont en terre crue. Leur conservation s'explique aisément par le fait qu'ils étaient à l'abri dans les grottes.

À la Renaissance, Michel-Ange réalisait des projets en terre, grandeur nature, afin de donner des indications aux apprentis qui dégrossissaient le travail sur le marbre. Ces modèles n'étaient pas cuits, car la terre était mélangée à de l'étoupe et ils étaient construits autour d'armatures en métal et en bois. Certains de ces modèles ont néanmoins été conservés malgré les crevasses qui les déforment. Ces exemples prouvent qu'il est possible de garder des œuvres en terre crue très longtemps. Il suffit qu'elles soient conservées à l'abri d'une humidité ou d'une sécheresse excessives, loin des poussières, dans une vitrine par exemple.

Viviane Ambre,
Offrande.
Terre cuite à 1 000 °C et patinée.
40 x 40 cm. 1993.

Précautions

Gérard Bignolais,

Milena.
Grès mélangés, engobés et salés.
Cuisson réductrice à 1 280 °C.
150 x 43 x 30 cm. 1995.

Toute terre destinée à la cuisson doit être parfaitement débarrassée de ses impuretés. Des morceaux de plâtre, de bois ou de métal qui resteraient prisonniers de la pâte risquent de provoquer des dégâts importants lors de la cuisson. De petits éclats de plâtre inclus dans la terre cuite peuvent occasionner des inconvénients bien longtemps après la cuisson et le refroidissement. En effet, le plâtre absorbe l'humidité de l'air en gonflant légèrement et introduit des tensions importantes au sein de la terre cuite où il est enserré. Il est donc recommandé de séparer les terres destinées à la cuisson de celles qui doivent être moulées au plâtre.

Toute argile inconnue devrait être testée avant d'être utilisée à des fins sculpturales.

Il est important de se souvenir qu'une pièce destinée à la cuisson doit être creuse (au-delà d'une certaine taille ou épaisseur) et présenter une ou plusieurs ouvertures par où l'air peut s'échapper de l'intérieur. L'argile ne doit contenir aucune bulle ou poche d'air étanche. Vous obtiendrez ce résultat en malaxant bien la terre avant de l'employer et en pressant convenablement les boulettes ou les morceaux d'argile les uns sur les autres pendant le travail.

Lorsqu'on réalise une pièce en terre cuite, il faut toujours tenir compte du retrait qui aura lieu lors du séchage et à la cuisson, et qui aura pour effet de diminuer les dimensions de la sculpture d'environ 10 %, dans les trois dimensions. Si vous désirez réaliser une œuvre cuite de dimensions bien définies, il est nécessaire d'augmenter en conséquence les proportions de la pièce, lors de sa réalisation.

Les variétés d'argiles cuites: faïence, grès, porcelaine, raku

On regroupe sous le terme de « terres cuites » les sculptures réalisées en terre à modeler et qui ont subi le processus de la cuisson. Cette forme de sculpture est connue depuis la préhistoire. Tous les peuples l'ont illustrée brillamment, jusqu'à nos jours. Le matériau de base étant très répandu et bon marché, il n'est pas étonnant que la production de terres cuites ait été si importante. La première cuisson d'une pièce en terre donne ce qu'on appelle un biscuit, ou dégourdi.

On distingue diverses variétés de terres cuites, suivant la nature des argiles qui les constituent.

La porcelaine : c'est une céramique à pâte blanche, translucide, vitrifiée à haute température (environ 1 450 °C). Les meilleures porcelaines sont faites à base de kaolin auquel sont ajoutés du feldspath (pour abaisser le point de fusion) et du quartz ou du silex (pour donner de la dureté). Les gisements de « terre de Chine » sont relativement rares, mais néanmoins présents dans la plupart des continents. Ces argiles sont peu plastiques et caractérisées par un faible retrait. Du fait de leur rareté et de leur manque de plasticité, elles sont peu utilisées par les sculpteurs.

Le grès : son constituant de base est une argile sédimentaire fine. Il est très solide, dense et non poreux. Il se vitrifie entre 1 200 et 1 300 °C et prend une couleur variable, dans les tons gris, beiges, bruns ou chamois. Les terres à grès sont assez plastiques, et peuvent parfois être utilisées telles quelles, sans addition d'éléments étrangers.

Les faïences : elles sont poreuses et cuisent à des températures plus basses (entre 850 et 1 100 °C). Les terres à faïence, ou argiles communes, sont grises, verdâtres, brunes ou rougeâtres à l'état cru et deviennent noires, brunes, rouges ou ocres après cuisson. Ce sont les terres les plus utilisées par les sculpteurs.

Il s'agit le plus souvent de mélanges d'argiles différentes auxquelles ont été ajoutées d'autres substances destinées à leur conférer les propriétés souhaitées (par exemple du sable, de la chamotte, etc.). Les faïences communes contiennent souvent – outre du sable siliceux et du calcaire – des oxydes de fer (ceux-ci confèrent à la pâte cuite sa coloration rouge ou noire plus ou moins intense).

Le raku : la pâte à raku est composée de façon à obtenir un corps blanc et poreux, même émaillé. Une terre qui contient 10 à 30 % de chamotte convient tout à fait. La cuisson du biscuit se fait aux environs de 870 °C, ce qui donne un tesson assez fragile.

Gérhard Lutz,
Objet. Grès et porcelaine. Cuisson à 1230°. 45 x 45 cm.1988.

Processus physiques survenant au cours de la cuisson

Si on considère une argile humide de plasticité convenable, environ un quart de son poids est constitué d'eau libre (par opposition à l'eau de constitution qui est chimiquement combinée aux autres éléments). Lors du séchage, cette eau migre vers la surface par capillarité et elle s'évapore. Les particules d'argile qui cessent d'être entourées d'un manchon de molécules d'eau se rapprochent les unes des autres et s'immobilisent (ce qui explique que l'argile rétrécit et perd sa plasticité en séchant). Plus les particules d'argile sont fines, plus le retrait est important, le volume d'eau interstitiel étant plus grand. Lorsqu'on ajoute à la terre des particules plus grosses de matières non plastiques, comme du sable ou de la chamotte, on introduit au sein de la matière des canaux et des pores par où l'humidité peut s'échapper plus facilement. Une telle argile est dite « à pâte ouverte ». Son retrait et sa plasticité sont réduits, son temps de séchage est raccourci et les risques d'explosion (au cours de la cuisson) diminuent. À température ordinaire et dans des conditions d'humidité normales, la terre conserve toujours en son sein une certaine quantité d'eau libre (appelée eau hygrométrique). Celle-ci ne commence à disparaître qu'au début de la cuisson, lorsque la température a atteint 100 °C. L'eau se dégage sous forme de vapeur d'eau ; celle-ci doit avoir la possibilité de s'échapper de l'argile au moins aussi rapidement qu'elle se forme, sinon des explosions sont à craindre. C'est pourquoi la montée de la température dans le four doit être lente et progressive.

Menée d'une cuisson type dans un four électrique

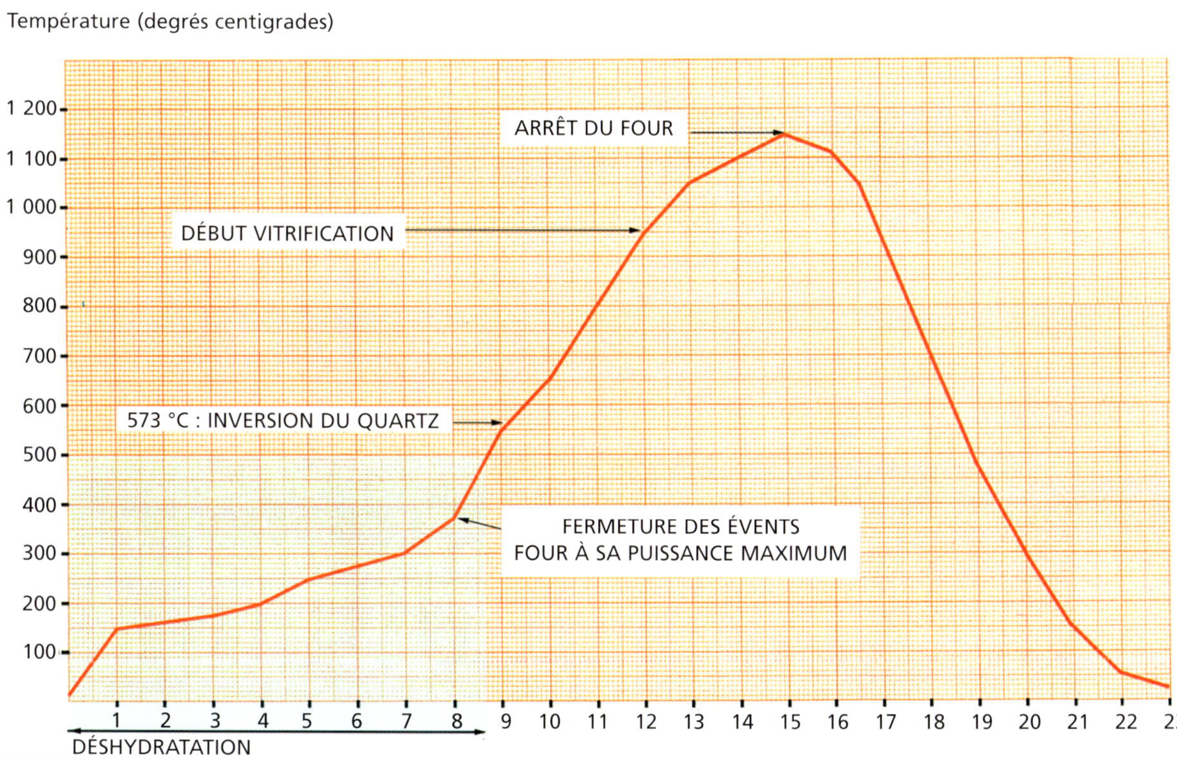

Entre 178 et 204 °C, toute l'eau libre s'est évaporée. Vers 350 °C, l'eau de constitution (l'eau combinée chimiquement à l'argile) commence à s'évaporer elle aussi, faisant encore perdre à la pièce 14 % d'eau (en poids). L'augmentation de température doit rester toujours très progressive.

Entre 500 °C et 700 °C, l'argile est complètement déshydratée et ne peut plus être réutilisée. Sa composition chimique est irréversiblement modifiée, mais, jusqu'à présent, aucun retrait supplémentaire n'a été enregistré. À ce stade, les pièces sont extrêmement fragiles.

Des oxydations ont lieu jusqu'à une température voisine de 900 °C. Celles-ci décomposent toutes les substances (organiques ou minérales) qui ne sont pas déjà à l'état d'oxydes. Si l'aération du four n'est pas suffisante, du carbone peut rester inoxydé et donner une coloration noire aux pièces.

Vers 573 °C se produit le phénomène d'« inversion » du quartz contenu dans l'argile. Le quartz alpha se transforme en quartz bêta. Il y a modification du réseau cristallin avec accroissement de volume (environ 2 %). Cette modification est réversible et, lors du refroidissement, le volume diminue dans la même proportion. Ces changements doivent également se faire lentement.

Au-delà de 600 °C, la montée de température peut s'accélérer sans danger. Entre 700 et 900 °C, le carbone et le soufre contenus dans l'argile sont brûlés et donnent lieu au dégagement de gaz (CO, CO_2, SO, SO_2, SO_3).

Le phénomène de vitrification commence aux environs de 955 °C, se poursuit jusqu'à 1 010 °C et aboutit à la transformation partielle de l'argile en verre. Des cristaux de mullite se forment. Il y a durcissement, retrait, augmentation de densité et imperméabilisation partielle ou complète de la matière. Ce processus est progressif et dépend du point de fusion des éléments constitutifs de cette argile particulière. Si la température dépasse un certain niveau, l'argile peut fondre, et la pièce, se déformer complètement. La dureté de l'argile cuite s'explique donc par la présence du verre qui lie entre elles les particules moins fusibles et aussi par la présence de nouveaux réseaux cristallins (par exemple des cristaux de mullite [silicate d'aluminium] en forme d'aiguilles). Les argiles se vitrifient à des températures qui varient d'après leur composition. Les faïences sont « mûres » vers 1 090 °C, les grès aux environs de 1 290 °C et les porcelaines vers 1 450 °C.

Les fours

Il existe de nombreux types.de fours ; ils se distinguent par la forme (four puits, four cloche, four armoire, four moufle, etc.) et par le mode de chauffage : bois, gaz, électricité, mazout, charbon. Les fours les plus communs, les plus répandus dans le commerce, sont les fours électriques ou à gaz, en forme de puits (à chargement vertical) ou d'armoire (à chargement frontal).

Les fours électriques : ils sont d'un emploi facile, ne nécessitent pas de cheminée, ni de stockage de combustible, et ils sont propres. Si le four est très sophistiqué, le processus de la cuisson sera totalement automatique. Par contre, ce type de four n'est pas adapté aux cuissons en réduction. Le mode de chauffage du four sera choisi en fonction du type de terre qu'on décide de cuire. Le four électrique est parfaitement adapté à la cuisson de la faïence, mais ne convient pas à la cuisson du grès, qui exige un contrôle plus précis de la température.

Le four à gaz : il permet d'obtenir plus rapidement une baisse de la température

Le four à bois : il est très difficile à maîtriser, mais il peut convenir pour la cuisson du raku, qui se fait à température relativement basse.

Le résultat de la cuisson dépendant d'un tas de facteurs différents, il est recommandé de tenir un cahier de cuisson afin de garder une trace des diverses expériences que vous réaliserez. Vous y noterez les diverses étapes de la cuisson, début, fermeture des aérations, accélération de la cuisson, arrêt, etc. Si vous contrôlez la température au moyen d'un pyromètre, il vous est possible de réaliser un graphique représentant les variations de température en fonction du temps.

Construction de fours rudimentaires et cuissons primitives

Le four puits (voir schéma et photos)

De forme rectangulaire, ce four rudimentaire conviendra parfaitement pour les cuissons en réduction et pour l'enfumage. Délimitez l'emplacement du four sur une portion de terrain plane d'environ 1 x 1 m. Empilez de grosses briques réfractaires sans ajouter de ciment. Les dimensions du four dépendent de la quantité de matériaux à cuire. La hauteur est d'environ 80 cm. Veillez à ce que les pièces en argile soient disposées en une seule couche d'épaisseur plus ou moins uniforme. Disposez-les sur un lit de sciure de bois d'une dizaine de centimètres d'épaisseur. Afin d'obtenir des colorations intéressantes, préparez les pièces en estampant leur surface avec des matériaux, végétaux divers trempés dans des solutions chaudes de sulfate de fer ou de sulfate de cuivre. Laissez ces matériaux autour des pièces pendant la cuisson. Après avoir couché les pièces sur le lit de sciure, entourez-les de cristaux de sulfate de cuivre, de gros sel de cuisine et d'excréments séchés d'herbivores (vache, mouton, chèvre). Disposez du bois sec en couches successives par-dessus de façon à remplir le four. Terminez par du petit bois et du papier. Dans ce type de four, la combustion se fait de haut en bas. Allumez le feu avec du pétrole lampant et, une fois que le feu a bien pris, recouvrez l'orifice du four avec une grande tôle, en prenant soin de maintenir une certaine aération (posez une brique sur les quatre coins du four afin de surélever la tôle et de laisser un espace). Au bout de 20 à 30 minutes, retirez les briques et fermez le four complètement. La combustion se poursuit en réduction avec dégagement de fumée pendant cinq heures au minimum. La température atteinte au bout de deux heures est de plus de 1 000 °C.

Four puits primitif

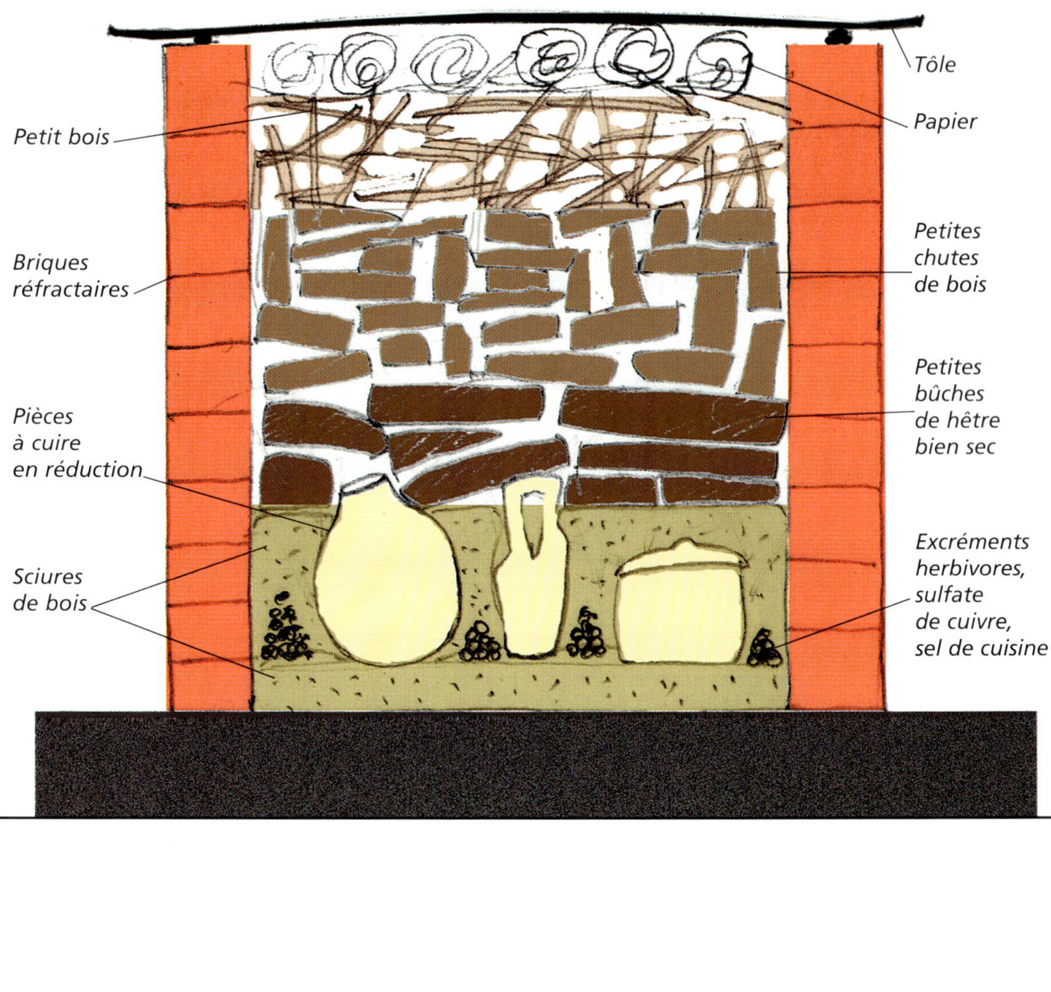

1. Autour des sujets à cuire, disposez les éléments qui serviront à la construction du four et à la cuisson : briques, treillis métallique, sciure de bois, bûches et petit bois.

2. Recouvrez le sujet de sciure de bois. Vous pouvez également ajouter des cristaux de sulfate de cuivre, du gros sel de cuisine et des excréments séchés d'herbivores (vache, mouton, chèvre).

3. Montez progressivement le four autour du sujet à cuire, tendez un treillis métallique sur les briques, au-dessus de celui-ci.

4. Remplissez le compartiment supérieur du four (au-dessus du treillis) d'un volume au moins égal au compartiment inférieur avec des bûches puis du petit bois et enfin du papier.

LE TIPEE (VOIR SCHÉMA)

Ce mode de cuisson, hérité des Indiens d'Amérique, est très facile à mettre en œuvre. Il suffit de vous munir de quelques briques, d'un treillis métallique, de longues baguettes et de planches de bois bien sec.

Le treillis de forme carrée, d'environ 70 cm de côté, repose à environ 5 à 10 cm du sol sur quatre briques disposées à chacun de ses coins. Cet espace réservé à la base du tipee permet à l'air de circuler de bas en haut. Un muret circulaire de 20 à 30 cm de haut est monté sur le treillis au moyen de briques posées les unes sur les autres. Vous pouvez remplacer le muret de briques par un large récipient en fonte ou par un arceau en fer de la même hauteur. Déposez directement les pièces à cuire sur le treillis. Au centre, vous pouvez placer une boîte en fer blanc avec couvercle (les boîtes à biscuit d'autrefois conviennent parfaitement) dans laquelle vous disposerez des pièces à cuire en réduction. La boîte contiendra également des matières combustibles (papier, paille, sciure de bois, déjections séchées d'herbivores) et des cristaux de sulfate de cuivre. Entassez les pièces de façon à former un cône et recouvrez-les de sciure de bois et de déchets ou de chutes de scierie. Disposez de longues baguettes de bois sec en faisceau au-dessus des pièces en argile pour former un cône qui rappelle le tipee, l'habitation des Indiens nomades d'Amérique. Calez ensuite de longues planches entre le mur de briques et les baguettes de manière à entourer celles-ci complètement. Enfin, maintenez cet édifice par du fil de fer entourant les planches. Introduisez du papier journal dans l'espace compris entre les baguettes et les planches et mettez-y le feu après l'avoir imbibé de pétrole lampant.

Au fur et à mesure de la combustion – qui commence par le haut – des braises tombent sur les pièces à cuire et en dessous du treillis. La cuisson dure deux heures.

TIPEE

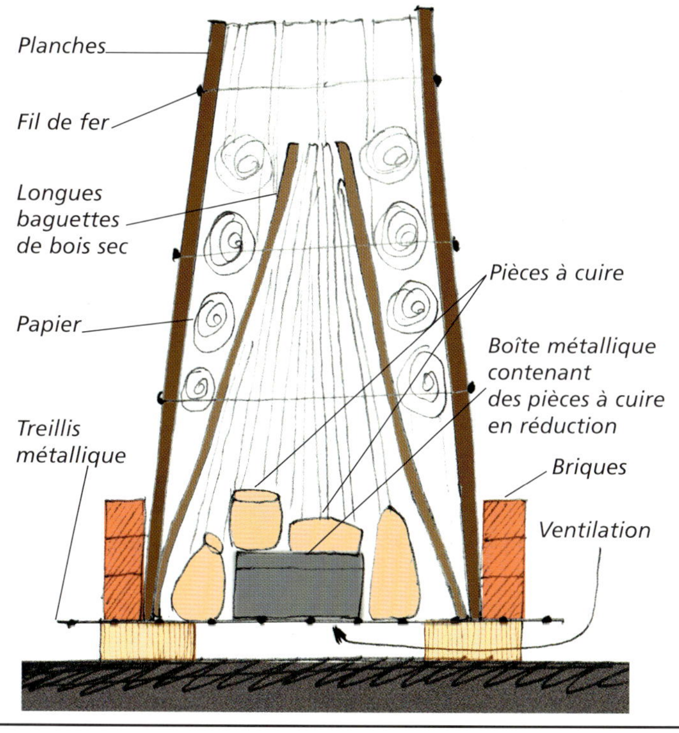

LE FOUR À RAKU (VOIR SCHÉMAS ET PHOTOS)

On peut réaliser soi-même un four à raku très simple en tapissant l'intérieur d'un baril en métal avec deux couches de fibres céramiques réfractaires de 2,5 cm d'épaisseur environ. Si on ne trouve pas de baril de la taille convenable, on peut remplacer celui-ci par du treillis métallique auquel on donne la forme cylindrique souhaitée. Le four sera d'autant plus léger.

Il ne faut pas qu'il soit trop grand – il devrait être à peine plus large que les pièces à cuire – si on veut qu'il soit facile à chauffer. La sole du four est constituée de briques réfractaires. Le couvercle, également tapissé de fibres réfractaires, doit pouvoir se retirer facilement et être muni de poignées. Il est percé en son centre d'un orifice de diamètre égal à celui de l'orifice du brûleur.

Comme combustible, nous préconisons l'emploi du gaz en bouteille (propane), pour sa facilité d'emploi.

Attention ! la flamme du brûleur ne doit pas être en contact direct avec les pièces à cuire. Ces dernières seront déposées sur une plaque d'enfournement soutenue par trois piliers réfractaires.

Dans un tel four, la température peut atteindre 1300 °C.

SCHÉMA DE FOUR À RAKU

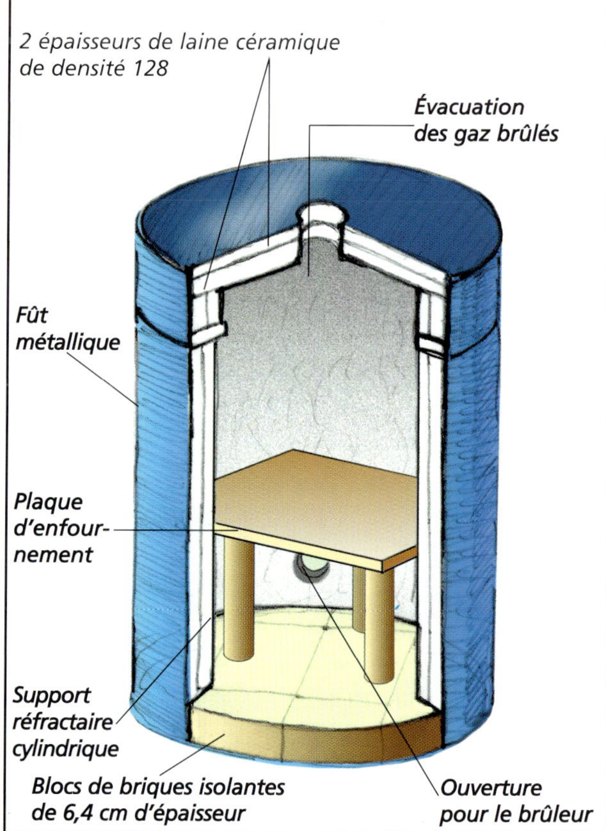

SCHÉMA DE FOUR À RAKU

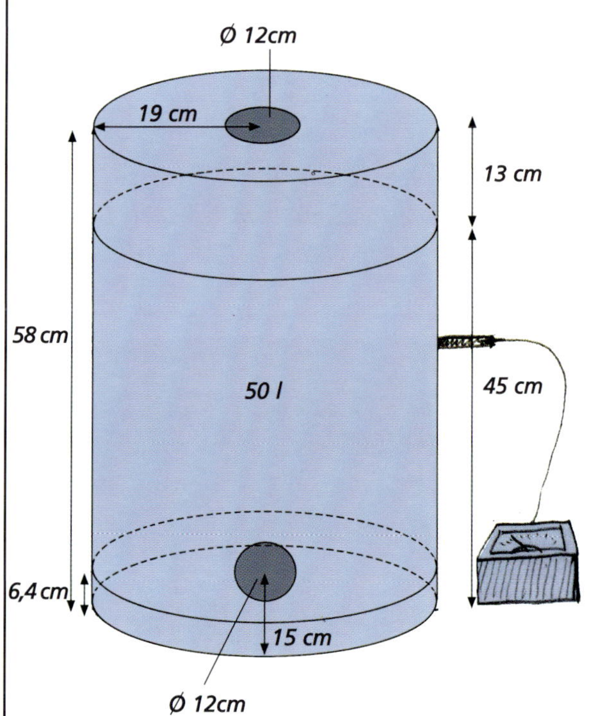

Avec l'aimable autorisation de Messieurs Jan et Veerle Colpaert de la firme Colpaert-Iscerat, ainsi que celle de Monsieur R. Deridder.

1. Dessinez l'orifice de la cheminée à l'aide d'un compas métallique.

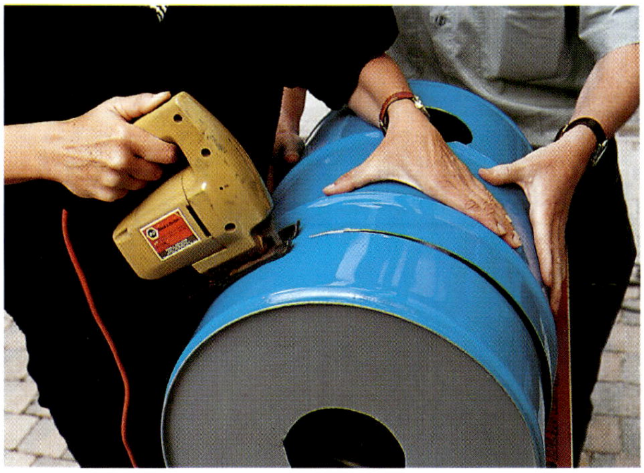

2. Découpez le couvercle à la scie sauteuse.

3. Disposez côte à côte les blocs réfractaires et dessinez au crayon la circonférence à découper.

4. Les blocs réfractaires, légers et poreux, se scient facilement.

5. Une fois les blocs sciés, enduisez leur face intérieure et les côtés de colle réfractaire et collez-les au fond du bidon.

6. À l'aide d'un pinceau, encollez les parois du bidon, puis appliquez de la laine céramique.

8. Ensemble (tuyaux, serre-joints, brûleur et adaptateur), destiné à être relié à la bonbonne de propane.

7. De la même façon, appliquez deux couches de fibres céramique sur les parois du couvercle.

Atelier de Gérard Bignolais, sculpteur.

Lisa. Enfournement de la sculpture.

L'enfournement

Entassez les pièces dans le four en disposant les plus lourdes dans le fond et les plus légères au-dessus. Vous pouvez mettre les pièces les unes dans les autres et les empiler. Les pièces peuvent se toucher mais vous devez laisser un espace d'au moins 2,5 cm entre les pièces et les résistances électriques du four. Dans un four à gaz, il faut laisser un espace de 7,5 cm entre les parois du four et les pièces afin de laisser la chaleur se répandre et pour éviter les poches de surchauffe. Il faut également aménager des étages au moyen de plaques et de colonnes réfractaires, ce qui permet à l'air de circuler facilement entre les pièces. Cette condition est indispensable à une répartition uniforme de la chaleur.

Menée d'une première cuisson

La première cuisson d'une faïence s'appelle un biscuit ; dans le cas d'un grès, on parle de dégourdi.

La température à atteindre pour la cuisson du biscuit est généralement comprise entre 1 090 °C et 1 450 °C, suivant la nature de la terre utilisée.

La terre crue, même parfaitement séchée selon les méthodes que nous avons expliquées, contient encore beaucoup d'humidité, c'est pourquoi il faut fermer le four en laissant ouverts tous les trous d'aération. Commencez à chauffer très progressivement, pendant plusieurs heures, jusqu'à ce que la température atteigne 600 °C. La montée en température sera d'autant plus lente que l'épaisseur des pièces enfournées est importante. Comptez en général un accroissement initial en température inférieur à 60 °C par heure.

Lorsque le four a atteint une température de 600 °C, accélérez le chauffage au maximum tout en fermant les trous d'aération.

Maintenez quelque temps la température maximale de cuisson, puis éteignez le four et laissez refroidir celui-ci naturellement et progressivement. Dans le cas de fours au mazout, il faut fermer la clé de la cheminée afin d'éviter que de l'air froid soit aspiré dans le four (cela pourrait provoquer des craquelures).

On ne peut ouvrir le four que lorsque la température est redescendue aux environs de 100 °C.

Une cuisson normale dure toute une nuit (on compte dix heures pour atteindre progressivement la température de cuisson, puis autant pour le refroidissement).

Un refroidissement trop rapide peut abîmer les pièces, surtout si elles sont grosses, et également le four qui subit alors de trop rapides contractions.

Défournement de la sculpture après refroidissement du four.

La mesure de la température

Il est important pour le sculpteur de connaître la température qui règne à chaque instant dans le four, lors d'une cuisson. Plusieurs moyens sont mis à sa disposition, le plus commode étant le pyromètre. Cet instrument consiste en une paire de fils métalliques, de métaux différents, soudés ensemble de façon à former un thermocouple. Celui-ci est introduit dans le four par un petit orifice et il reste en place pendant toute la durée de la cuisson. Lorsque la température augmente dans le four, il se crée au niveau du thermocouple un léger courant électrique (de l'ordre de quelques millivolts), qui est mesuré de façon précise par un voltmètre calibré en degrés Fahrenheit et en centigrades. L'instrument donne donc à tout moment une indication raisonnable de la température à l'intérieur du four. Néanmoins, il faut savoir qu'avec le temps la corrosion du thermocouple affecte la précision de l'instrument. Il est donc judicieux de réajuster le calibrage de l'instrument après quelques années par comparaison avec des cônes pyrométriques (une petite vis installée sur le pyromètre permet d'effectuer ce réglage).

Les pyromètres les plus fiables ont leur thermocouple entièrement pris dans une gaine en porcelaine. Il existe également des pyromètres optiques qui sont d'une grande précision (sauf dans le cas de cuissons en réduction) mais qui coûtent très cher.

L'autre méthode, largement utilisée par les céramistes consiste à utiliser des montres fusibles ou cônes pyrométriques, placés à l'intérieur du four et visibles de l'extérieur par un petit regard. Il s'agit de petites pyramides constituées d'un matériau similaire aux glaçures et qui fondent à des températures bien précises suivant leur composition. Lorsque le cône s'est penché en prenant la forme d'un demi-cercle, la température du four correspond à celle de ce cône particulier. La base du cône est taillée légèrement en biseau afin d'indiquer la pente à imprimer au cône lorsqu'on le fixe sur une petite semelle de terre. On utilise trois cônes pour une cuisson, (voir le schéma ci-contre). Par exemple, si vous décidez d'arrêter une cuisson au cône 9, installez un cône 8, un cône 9 et un cône 10. Lorsque le cône 8 se courbe, c'est que la température désirée est presque atteinte et vous

Cônes pyrométriques

A : 3 cônes pyrométriques sont installés sur une semelle en argile. Le cône du milieu (n° 9) indique la température de fusion correspondant à la température de cuisson maximale souhaitée.

B : Le début de fléchissement du cône n° 8 indique que la température désirée est presque atteinte. On arrête le four.

C : La température désirée est atteinte.

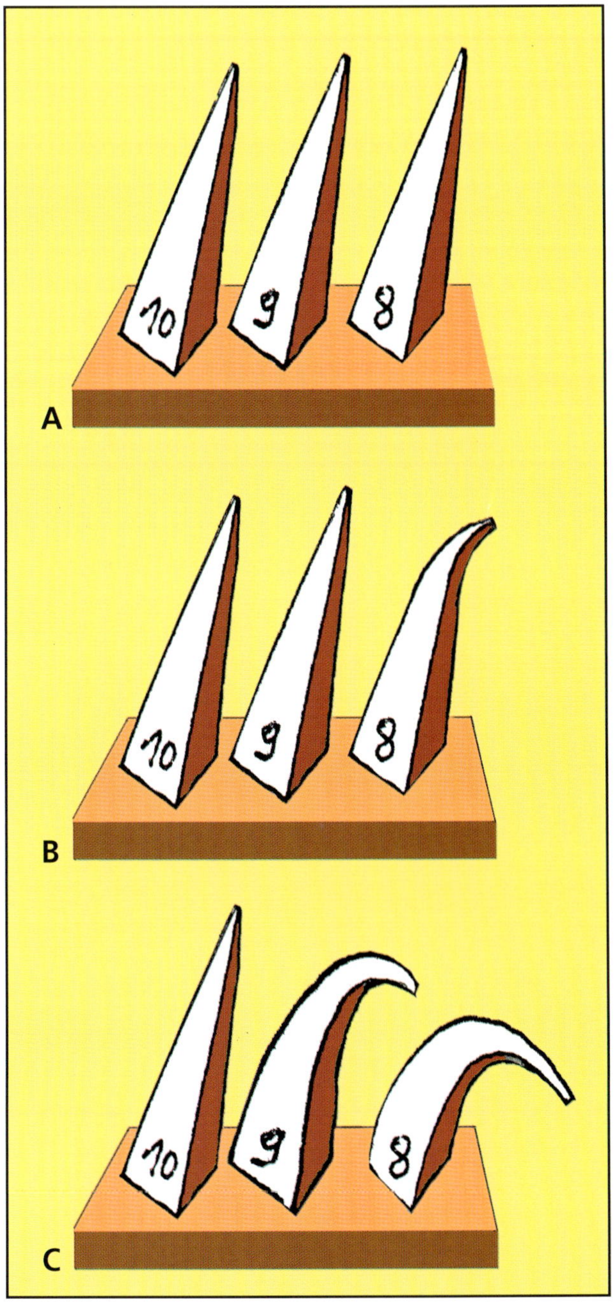

pouvez ajuster le chauffage du four en conséquence. Lorsque le cône 9 se plie, n'augmentez plus le four et maintenez la température constante pendant un certain temps. Si le cône 10 commence à se plier, cela indique qu'il y a un début de surchauffe : pour le stopper, enlevez quelques bouchons qui ferment l'aération du four.

De nombreux fours électriques sont munis d'un système de coupure automatique du courant, utilisant la fusion d'un cône pyrométrique comme agent déclenchant. Il existe plusieurs types de cônes.

En Europe, on utilise les cônes Seger, aux États-Unis, les cônes Orton et en Grande-Bretagne les cônes Staffordshire.

Le tableau de la page 114 donne la correspondance entre les numéros de cônes et la température à laquelle ils fondent.

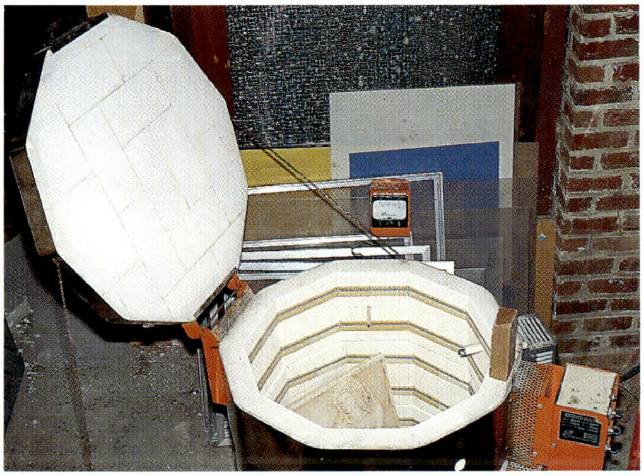

Four électrique ouvert, après la cuisson.

Deux pièces refroidissent dans le four après la cuisson.

Système de coupure automatique du courant. Lorsque le cône pyrométrique ramollit, il se plie et un levier s'abaisse en interrompant le circuit électrique.

LES GLAÇURES ET LEUR CUISSON

Le corps d'une pièce en terre cuite peut être recouvert d'une couche vitrifiable, afin de lui donner du lustre ou de le rendre imperméable. Le terme générique désignant cet enduit est glaçure. Selon la composition chimique de cette couche, on lui donnera le nom plus précis d'émail, de vernis ou de couverte.

LE VERNIS : c'est un enduit mince, transparent, très plombifère (contenant du plomb), cuit à basse température. La plupart des poteries courantes sont vernissées.

L'ÉMAIL : ce terme s'applique à un enduit vitrifiable opaque, généralement stannifère (c'est-à-dire contenant de l'étain), qui s'applique en couche très épaisse sur les faïences. L'émail est cuit à une température plus élevée que le vernis.

LES COUVERTES : ce sont des enduits transparents alcalino-calcaires ou alcalins qui recouvrent les pâtes de grès et de porcelaine.

Les glaçures

Il s'agit essentiellement de silice (SiO_2) à laquelle sont ajoutés d'autres oxydes destinés à abaisser son point de fusion et à la colorer. La glaçure obtenue après fusion de ce mélange à haute température est fort semblable à un verre et rend la pièce tout à fait imperméable. Les oxydes ajoutés sont très variés et ont des fonctions diverses : abaisser la température de fusion de la silice (on les appelle des fondants : Na_2O, K_2O, PbO, ZnO), augmenter la viscosité de la glaçure (c'est le cas de l'alumine Al_2O_3), colorer et donner un aspect mat, satiné ou brillant à la glaçure.

En sculpture, il faut éviter d'utiliser des glaçures trop brillantes, car celles-ci rendent la forme illisible. On préférera un « émaillage » satiné ou mat. Celui-ci est obtenu par l'emploi d'oxydes d'étain ou de baryum.

GLAÇURES POUR RAKU : ingrédients de base (quantités en grammes) auxquels des oxydes métalliques colorants peuvent être ajoutés (dans une proportion de 10 % environ). Ces glaçures devraient fondre entre 820 ° et 920 °C.

Les ingrédients sont mélangés à de l'eau de façon à obtenir une crème épaisse. L'eau peut être additionnée de gomme arabique (à raison de 4 g par litre) pour faciliter l'adhérence de la glaçure sur l'argile, avant la cuisson. En effet, la glaçure pour raku est généralement appliquée en couche épaisse et elle s'écaille facilement.

Céruse	55
Silex	25
Feldspath	10
Argile	5
Blanc d'Espagne	5

Recette de Bernard Leach :

Céruse	66
Kaolin	4
Silex	30

GLAÇURE ALCALINE DE BASE (CUISSON À 1 060 °C)

Feldspath	20
Craie	9
Kaolin	3
Quartz	25
Borax	39
Oxyde de zinc	9

(d'après P. Rada)

COUVERTE CALCAIRE (CUISSON À 1 250 °-1 300 °C)

Kaolin	10
Chaux	20
Quartz	30
Feldspath	40

(d'après B. Leach)

Procédés d'émaillage

Les glaçures se présentent sous forme de poudres que l'on dilue dans de l'eau. Outre des oxydes, elles contiennent de la gomme arabique (qui facilite l'adhérence sur le biscuit). Pendant l'application de la « glaçure », il faut constamment remuer le mélange, car certains de ces oxydes sont lourds (PbO, par exemple) et ont tendance à se déposer rapidement.

Dans tous les cas, le biscuit devra être bien propre (on peut le passer sous l'eau et le sécher). L'application des glaçures se fait de différentes façons.

Au pinceau : cette technique demande une certaine expérience et du doigté. Il est difficile, par ce procédé, de déposer une couche uniforme de glaçure sur toute la pièce. Il convient très bien en revanche pour décorer le biscuit localement.

Au trempé : immergez l'objet dans l'émail liquide, puis égouttez-le. Vous ne pouvez appliquer ce procédé que dans le cas de pièces de petite taille.

Par arrosage : versez l'émail sur la pièce de façon à ce qu'elle soit arrosée partout, recueillez l'excédent de glaçure dans un récipient.

Par pulvérisation (émaillage au pistolet) : au moyen d'un vaporisateur (à bouche ou à air comprimé), pulvérisez de fines gouttelettes d'émail sur la surface du biscuit. Le dépôt de glaçure doit être très régulier. Ce procédé est surtout conseillé lorsqu'on désire recouvrir un engobe sans risquer de le détériorer (décor sous émail).

Si vous voulez superposer plusieurs couches de glaçures, attendez, entre chaque couche, que la précédente soit bien sèche.

Après avoir traité les pièces, évitez de mettre les doigts sur les parties recouvertes de glaçure, car vous pourriez enlever ainsi de la matière, ce qui ne manquerait pas de se voir après la cuisson.

Patricia Denimal,
Cuiller.
Patine à l'oxyde de cuivre.
105 cm. 1992.

La cuisson des glaçures

La cuisson a pour effet de transformer la glaçure crue et soluble en un verre imperméable et insoluble. La préparation et la menée d'une cuisson de glaçure diffèrent, à certains égards, de la cuisson d'un biscuit : le chargement du four est différent, l'atmosphère du four peut être modifiée et la température finale doit être contrôlée de façon plus précise. La température de fusion des glaçures dépend de leur composition en oxydes et elle devrait être inférieure à la température de cuisson du biscuit qui la supporte.

Pratiquement, la cuisson des pièces émaillées demande beaucoup de soins, surtout au stade de l'enfournement. Il faut faire attention à ne pas désémailler les pièces en les manipulant. Les pièces ne doivent pas se toucher sinon elles risquent de se souder entre elles au moment où les glaçures se mettent à fondre. Elles ne peuvent pas non plus être en contact direct avec le four ni avec les plaques d'enfournement sur lesquelles elles reposent. On les dépose donc sur des « pernettes » (ou « pattes de coq »), petits supports pointus qui les isolent des plaques, ou bien on badigeonne ces dernières avec une sorte de pâte liquide isolante. Celle-ci est un mélange à parts égales d'alumine et de kaolin, qui forme une mixture crémeuse. On applique plusieurs couches de cette substance sans attendre que la couche précédente soit sèche. On étage donc les pièces dans le four au moyen de plaques ou de plateaux d'enfournement supportés par des piliers en matériau réfractaire. Il vaut mieux remplir complètement le four afin d'obtenir une répartition uniforme de la chaleur. Au sein du four en activité, il y a souvent une variation de température entre le fond et le sommet. Si les plateaux d'enfournement sont disposés trop près de la base ou du sommet du four, un noyau plus froid se crée au centre.

Les plateaux sont généralement supportés par trois piliers, ce qui évite les problèmes de déséquilibre. Dans le cas de grandes plaques fort chargées, il est conseillé de soutenir le centre avec un pilier supplémentaire. Si la plaque n'est pas d'aplomb, parce que l'un des pieds est trop court, il faut combler l'interstice à l'aide d'une boulette de terre poudrée d'alumine.

Il existe des piliers crénelés qui permettent de soutenir des plaques à différentes hauteurs.

Une fois le four chargé, on le ferme, ainsi que les volets d'aération inférieurs. Le volet supérieur reste ouvert pour permettre à l'humidité contenue dans la glaçure de s'échapper par évaporation. L'augmentation de température peut être beaucoup plus rapide dans ce cas. Le processus de fusion de la glaçure est très progressif et peut commencer à une température assez basse par comparaison avec la température de fusion complète. Une phase de bouillonnement des glaçures en cours de fusion est tout à fait normale. Beaucoup d'émaux fondent entre 940 et 1 000 °C. Le refroidissement doit être très progressif, et le four ne devrait pas être ouvert avant que la température ne soit retombée aux environs de 100 °C.

POMPEO PIANEZZOLA,
Ricomposta.
Terre cuite. 35 x 18 cm. 1995.

Cuisson du raku

La glaçure est déposée la veille de la cuisson afin de permettre à l'eau de s'évaporer. Avant de placer les pièces dans le four, il faut les préchauffer en les déposant sur le couvercle du four. Lorsque le four a atteint la température adéquate, on l'ouvre et on enfourne rapidement la pièce en la manipulant au moyen de pinces en acier. Le four est refermé. Lorsque la température atteint 800 °C, on observe par l'ouverture d'aération du couvercle, l'apparence de la glaçure. Lorsque celle-ci fond, elle devient luisante. Il est alors temps de retirer la pièce du four, toujours avec les pinces, et de lui faire subir ou non un traitement réducteur. Celui-ci doit se faire en dehors du four, dans un récipient en métal contenant des éléments combustibles, des feuilles sèches, de la sciure ou des copeaux de bois, des lambeaux de papier, etc, dans lequel on pose la pièce. Le récipient est alors fermé au moyen d'un couvercle afin d'éliminer toute source d'oxygène. L'atmosphère réductrice provoque des changements de couleur dans le corps de la terre cuite et au sein de la glaçure. La présence de certains sels dans le récipient favorise l'apparition de lustres : nitrate d'argent, sulfate de cuivre, chlorure d'étain.

Comme ces effets sont très superficiels, il importe de les fixer le plus rapidement possible, en plongeant la pièce dans de l'eau directement après ouverture du récipient de réduction.

1. Ensemble des éléments indispensables à la cuisson : four, bonbonne de propane, récipient muni d'un couvercle et contenant des matières combustibles, pinces, gants.

2. À l'aide d'une brosse, badigeonnez le biscuit avec une glaçure à bas point de fusion. Celle-ci peut être déposée en plusieurs couches successives épaisses.

3. Lorsque le four atteint entre 800 et 900 °C, ouvrez-le rapidement et à l'aide des pinces, installez-y les pièces à monter. L'opération doit être rapide.

5. Déposez ensuite la pièce dans un récipient de réduction à moitié rempli de matériaux combustibles et fermez avec un couvercle. Laissez-y la pièce à réduire quelques minutes.

4. Une fois la bonne température atteinte (la glaçure doit présenter un aspect luisant), ouvrez le four et retirez la pièce avec des pinces.

6. Plongez la pièce d'un coup dans l'eau froide afin de fixer les colorations et les lustres. Les craquelures de la glaçure, souvent souhaitées, se produisent à ce stade.

Cuisson en réduction

La cuisson en réduction se produit lorsqu'il y a trop peu d'oxygène pour brûler entièrement le combustible, ce qui permet au carbone libre non oxydé de se combiner aux oxydes métalliques de la glaçure ou même à ceux du corps de la céramique en modifiant leur coloration.

La réduction s'obtient en diminuant l'arrivée d'air dans le four et en fermant partiellement l'orifice d'évacuation des gaz et des fumées.

Une réduction excessive n'est pas souhaitable, car la température peut chuter de façon trop brutale et provoquer des craquelures ou bien provoquer une teinte grisâtre de l'émail.

Au début de la cuisson, l'atmosphère devrait toujours être franchement oxydante afin d'assurer une forte montée de température. La réduction n'est efficace qu'aux températures légèrement inférieures au début de la fusion de la glaçure. Habituellement, on réduit les brûleurs juste après que les cônes ont commencé à se plier afin de maintenir, pendant une demi-heure environ, une chaleur oxydante stable qui permet à la glaçure de se ramollir.

Dans les fours électriques, on peut réaliser une atmosphère réductrice en introduisant, au moment adéquat, des petites boulettes de naphtaline par les orifices d'aération. Cela ne doit pas être fait trop souvent, car les résistances électriques risquent de s'abîmer, à la longue. L'idéal serait de ne tenter l'opération que lorsque les résistances ont déjà été bien oxydées par de nombreuses cuissons précédentes.

PHILIPPE CLÉRIN,
Personnage accroupi. Cette pièce en argile chamottée a subi une première cuisson au four électrique, suivie d'une cuisson raku avec réduction. Hauteur : 22 cm. 1998.

Le nouvel espace de la sculpture

Certains sculpteurs, encore aujourd'hui tandis que de nouveaux matériaux sont créés, éprouvent le besoin de continuer à travailler la terre, matière symbolique s'il en est. Les sculpteurs qui l'utilisent font d'ailleurs souvent référence à ce rapport « primordial » : toucher, marquer une présence, laisser une empreinte.

Deux tendances, entre autres, de l'art contemporain ont favorisé le travail de la terre dans la fin des années 1960 : le « Land Art » (interventions d'artistes sur la nature) et l' « Arte Povera » (artistes utilisant des matériaux pauvres). Les deux artistes dont nous allons parler ont tous deux accordé une grande importance au processus d'empreinte, et il nous semblait donc intéressant de terminer ce bref parcours à travers l'histoire de la sculpture en terre par leur travail sur cet élément primordial de l'activité du sculpteur qu'est le toucher.

Les artistes du land art, en intégrant l'environnement comme faisant partie de l'œuvre elle-même, ont remis en cause la conception traditionnelle qu'on avait de la sculpture comme objet solide, autonome, en trois dimensions. En fait, cette nouvelle façon de concevoir la sculpture, de l'envisager même parfois plus en terme d'expérience que de produit fini, prolonge la réflexion que les sculpteurs ont menée de tous temps sur les rapports que leur art entretient avec l'espace. Parmi eux, l'Américain Charles Simonds s'est presque exclusivement consacré au travail de l'argile, fabriquant des œuvres, des installations à la limite de la sculpture et de l'architecture.

En 1970 et 1971, par exemple, il proposa trois rites filmés qui sont comme pris dans une perspective évolutive. Le premier se nomme *Naissance* : « quelqu'un ici se dresse, boueux, pour ainsi dire fait de terre, nouvel Adam modelé avec la glaise du sol » (G. Lascault). Dans le deuxième rite, *Corps-Terre*, le corps de l'artiste n'est plus ce qui naît de la terre mais ce qui la modèle, corps-instrument : « à l'aide des mouvements de mon corps, je modèle la terre, lui donnant mes contours, créant un paysage à petite échelle à l'intérieur du paysage ». Enfin, à propos du troisième rite, *Paysage-Corps-Demeure*, Charles Simonds nous dit : « je suis allongé sur le sol et, à l'aide d'argile, je transforme mon corps en paysage ; puis je construis une demeure imaginaire à l'intérieur du paysage créé sur mon propre corps ». Le corps humain se fait ici territoire, socle d'une sculpture-architecture. On peut d'ailleurs remarquer que nous continuons à appeler sculpture toute œuvre d'art en trois dimensions mais que la période contemporaine a vu apparaître des œuvres en trois dimensions qui ne sont ni sculptées ni moulées, mais édifiées comme des architectures (Vantongerloo, Naum Gabo...) ou construites comme des machines (Tinguely).

Giuseppe Penone, artiste de l'Arte Povera, a toujours accordé beaucoup d'intérêt à la nature et à sa symbolique, aux phénomènes naturels qui nous entourent, ainsi qu'aux procédures d'empreinte, donc à la surface, à la peau des éléments qui nous entourent. Ce qui donc intéresse avant tout Penone, ce sont les traces laissées par la nature sur l'homme et vice versa, ces empreintes, qui constituent une mémoire de tous ces touchers ; le souffle en est une, il est un des grands thèmes de cet artiste. Il est trace, signe de l'énergie humaine, il est ce qui peut pénétrer toutes les empreintes et en devenir le négatif ; on retrouve ainsi, sous une autre forme, la question du plein et du vide, centrale en sculpture. Cette idée du négatif, de l'inversion, qui est au cœur même de l'idée d'empreinte, est donc au centre de la réflexion de Penone. Celui-ci envisage le passage de l'air, de la cavité buccale dans le pot que le potier fait tourner, et confère au passage de l'air la même force créatrice. « Le vent et le souffle de l'homme s'échangent et s'interpénètrent, flux continu d'énergie qui éprouve la fluidité de la végétation et fait battre le cœur de l'homme » (...)

L'omniprésence du souffle est la cause de la mise en mouvement plus ou moins forte de tous les corps « [...] car le mouvement causé par le souffle ou par l'eau provoque un phénomène généralisé de frottement, c'est-à-dire que la forme visible des choses est la résultante de ce frottement, auquel rien ne peut résister : seul le temps décide de la plus ou moins grande rapidité avec laquelle le résultat devient sensible. »* Ainsi *Souffle* se présente comme une grande outre de terre cuite, à taille humaine : sur un des flancs on distingue la trace en creux du corps d'un homme, surmontée d'une curieuse et plus complexe figure qui est en fait comme le moule en creux d'une bouche.

À partir de cette bouche moulée en creux, la terre s'évase en une forme ventrue, exactement comme une bouteille soufflée par un verrier. Ces gros ballons de terre sont comme une sorte d'inversion du visible.

* R. Recht. *Penone. L'espace de la main.* Catalogue d'exposition des musées de la ville de Strasbourg.

Giuseppe Penone, le Souffle. Terre cuite. 160 x 100 x 97 cm. 1978. Collection privée, Courtesy Galerie L & M Durand-Dessert, Suisse.

APRÈS LA CUISSON

Patines diverses

La terre cuite ne nécessite aucun traitement particulier. Elle se suffit à elle-même, mais il peut être utile de la protéger contre l'encrassement. En effet, c'est un matériau très poreux et la poussière a vite fait de s'y incruster.

La gomme laque diluée dans du méthanol (à raison de 60 g par 1/2 litre) peut servir de bouche-pores transparent et incolore. Il faut appliquer plusieurs couches, en laissant sécher chacune environ une heure. Du lait entier, passé en plusieurs couches successives, constitue aussi un excellent imperméabilisant.

Après ce traitement, on peut cirer la terre cuite avec une cire transparente ou teintée. Le fait de brosser ensuite la surface donne de la brillance aux parties en relief, en accentuant celui-ci. La cire, appliquée en couches successives, fonce légèrement la teinte de la terre. Elle sert aussi partiellement de bouche-pores et ralentit l'encrassement de la matière.

Si on désire modifier la coloration de la terre ou donner à sa surface plus de profondeur, il est possible d'appliquer des colorants transparents en couches successives. Personnellement, voici comment je procède :

Je passe d'abord une solution d'une teinture diluée dans du méthanol (en une ou plusieurs couches).

Ensuite, j'utilise des colorants (type « vernis vitrail ») dilués dans du white-spirit.

J'alterne ces teintures jusqu'à obtention de l'aspect souhaité, et je laisse bien sécher.

Pour terminer, je cire la pièce en la brossant vigoureusement.

Le simple fait de frotter certaines parties de la sculpture avec un abrasif modifie légèrement la coloration à cet endroit.

Il n'est pas inintéressant non plus d'utiliser la terre cuite comme support pour le crayon – graphite, sanguine, crayon de couleur – afin de souligner certains traits ou de colorer certaines parties de la terre cuite, surtout lorsque celle-ci est pâle. L'aquarelle et les encres diluées (encre de Chine, sanguine, sépia) peuvent s'appliquer au pinceau comme sur du papier.

Philippe Chazot,
La Fronde.
Terre cuite patinée.
Largeur : 40 cm. 1997.

Philippe Clérin,
Portrait de Borgès.
Faïence rouge chamottée.
Ce portrait (d'après photo) a été enduit d'une patine fonçée après cuisson.
33 x 17 x 20 cm. 1994.

Entretien et réparations

Nettoyage de la terre cuite

Une terre cuite de faïence étant poreuse, les poussières peuvent facilement encrasser les couches superficielles de la sculpture. C'est ce qui arrivera forcément après un temps plus ou moins long si la matière n'a pas été traitée au moyen d'un bouche-pores, peu de temps après la cuisson. Une fois la sculpture encrassée, comment la nettoyer ?

La façon la plus simple consiste à gorger d'eau la terre cuite de façon à ce que la saleté soit expulsée des pores. Pratiquement, il faut immerger complètement la sculpture pendant toute une nuit, dans un bain d'eau chaude et la frotter le lendemain à l'aide d'une brosse dure, sous un jet d'eau. Ce traitement simple a pour effet d'éliminer la saleté mais aussi de faire disparaître une patine éventuelle. Il faut donc savoir avant de nettoyer une pièce en terre cuite qu'on risque de devoir la repatiner après cette opération.

Réparation des terres cuites

Il n'est pas rare que des fentes se produisent au cours de la cuisson, malgré les précautions qu'on aura pu prendre. Dans le cas où ces fissures déparent trop la sculpture, on peut décider de les boucher le plus discrètement possible.

Utilisez un polyester de marbrier (« Akemy », « Sintolit ») et mélangez-y des pigments en poudre destinés à lui donner la teinte exacte de la terre cuite. Vous pouvez aussi réaliser une pâte constituée de blanc d'Espagne et de pigments colorés mélangés à de la colle vinylique (type « Alcamer »).

La pâte s'applique au moyen d'une spatule. Après séchage, poncez doucement la réparation au moyen de papier abrasif en épargnant au maximum les surfaces voisines. Le grain particulier de la surface sera imité par martelage de papier abrasif ou grattage au moyen d'instruments divers.

Pour recoller des morceaux entiers détachés du corps de la sculpture, utilisez du polyester de marbrier ou de

Michel Wolfahrt,
Femme oiseau. 180 cm. Rendez-vous à Paris. 160 cm.
Terre réfractaire peinte, pigments minéraux et silicate. 1996.

l'Araldite en faisant en sorte que la colle ne tache pas les surfaces extérieures. Si cela se produit, il faut nettoyer immédiatement au moyen d'un chiffon imbibé d'acétone. Après séchage, si une fente reste trop visible, il sera peut-être nécessaire de la boucher comme indiqué ci-dessus.

Pour recoller un bras en extension par exemple, il est indispensable d'introduire un goujon métallique à l'intérieur de la sculpture, afin de renforcer la liaison. Pour forer les trous de l'épaisseur du goujon, utilisez une mèche en carbure de tungstène. La difficulté principale consiste à faire coïncider les deux trous dans le même axe et la même direction de façon à ce que les deux morceaux à coller s'ajustent parfaitement. Pour déterminer l'emplacement des trous, procèdez comme suit. Sur l'une des deux cassures, forez un trou au centre de la surface et tracez au crayon deux lignes qui se croisent plus ou moins à angle droit au centre du trou. À l'endroit où ces lignes touchent les bords de la cassure, prolongez-les légèrement à la surface de la sculpture, de façon à obtenir des repères visibles de l'extérieur. Rassemblez ensuite les deux morceaux de façon provisoire et prolongez les repères sur l'autre morceau. Là où les lignes joignant les quatre repères se croisent, forez le second trou (voir schéma ci-dessous).

Comme goujon, on peut utiliser des tiges en laiton filetées (le filetage permet de mieux accrocher le goujon). L'acier inoxydable convient aussi, mais il faut bannir l'acier ordinaire et le fer, qui rouillent et augmentent le volume. Le diamètre et la longueur du goujon sont évidemment choisis en fonction de la grandeur de la sculpture.

Une fois les deux trous forés, mettez le goujon en place et assemblez les deux morceaux pour vérifier qu'ils sont parfaitement jointifs. Si ce n'est pas le cas, élargissez légèrement un des trous et renouvelez l'essai jusqu'à

REPÉRAGE POUR LA POSE D'UN GOUJON MÉTALLIQUE

A. Sur la cassure numéro 2, forez un trou au centre de la surface et tracez deux lignes qui se croisent à angle droit. Prolongez-les légèrement à l'extérieur.

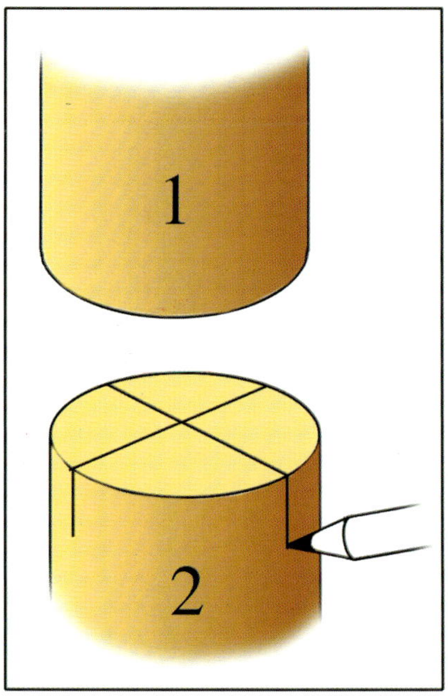

B. Rassemblez ensuite les deux morceaux de façon provisoire et prolongez les repères extérieurs sur le morceau numéro 1.

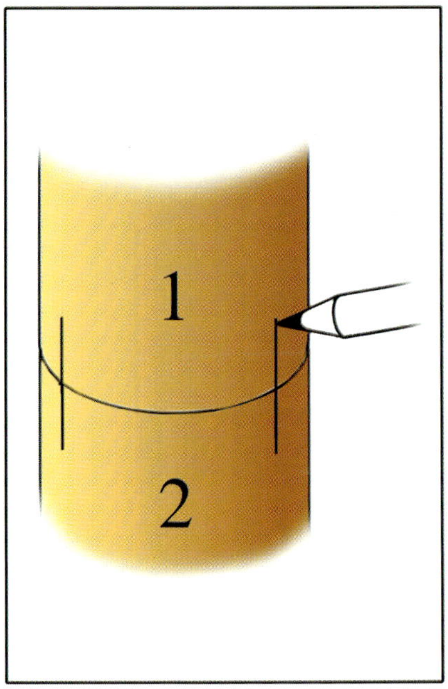

C. À l'endroit où les lignes joignant les quatre repères se croisent, forez le second trou.

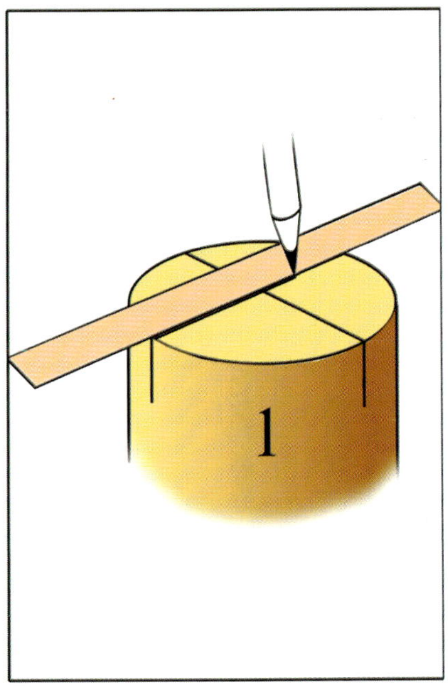

ce que la jonction soit parfaite. Ensuite, il ne reste plus qu'à coller rapidement et sans hésitations, car le temps de prise de la colle est assez court. Remplissez les deux trous de colle Araldite, la tige étant elle-même enduite de colle. Mettez en place les divers éléments et effectuez l'assemblage en le maintenant fermement pendant le temps nécessaire à la prise et au séchage. Si de la colle déborde de la cassure, éliminez-la avec un chiffon imbibé d'acétone.

Avant de recoller les morceaux, il faut que les surfaces à cimenter soient parfaitement nettoyées et dégraissées. On nettoiera ces surfaces au méthanol ou à la benzine. Voici quelques recettes de ciments faciles à réaliser soi-même et à utiliser immédiatement (d'après P. Rada).

RECETTE N° 1 :

Plâtre	1
Huile d'olive	1
Blanc d'œuf	4

Malaxez le plâtre avec l'huile d'olive puis ajoutez le blanc d'œuf.

RECETTE N° 2 :

Délayez 1 part de chaux éteinte dans un peu d'eau et ajoutez-y 4 parts de caséine.

RECETTE N° 3 À DURCISSEMENT RAPIDE :

Mélangez finement 5 parts de plâtre et 1 part de chaux éteinte pulvérisée et ajoutez-y 2 parts de blanc d'œuf frais.

CHRISTINE GEORGEL,
Petite Fille endormie. Terre cuite à 1 020 °C. 20 x 15 x 15 cm. 1984.

Odile Culas Bonnin,
Flèches Yanomanih. Terre enfumée, engobes, bois brûlé et ficelles de lin. Hauteur 90 cm. 1996.

Tableau de correspondance entre numéro de cône et température

Numéro de cône	Staffordshire	Seger	Orton (USA)	cuisson
022	600	600	585	
022A	625	-	-	
021	650	650	602	
020	670	670	625	
019	690	690	668	émaux tendres
018	710	710	696	émail à raku
017	730	730	727	
016	750	750	767	
015	790	-	790	
015A	-	790	-	
014	815	-	834	
014A	-	815	-	
013	835	-	869	lustres, glaçures tendres,
013	-	835	-	émaux, biscuits de grès
013A	-	835	-	et de porcelaine
012	855	-	866	
012A	-	855	-	
011	880	-	886	
011A	-	880	-	
010	900	-	887	
010A	-	900	-	
09	920	-	915	
09A	-	920	-	
08	940	-	945	
08A	950	940	-	
07	960	-	973	poterie, carreaux,
07A	970	960	-	majoliques
06	980	-	991	céramique tendre poreuse
06A	990	980	-	
05	1000	-	1031	
05A	1010	1000	-	
04	1020	-	1050	
04A	1030	1020	-	
03	1040	-	1086	
03A	1050	1040	-	
02	1060	-	1101	
02A	1070	1060	-	
01	1080	-	1117	
01A	1090	1080	-	
1	1100	-	1136	
1A	1110	1100	-	

2	1 120	-	1142	
2A	1 130	1 120	-	
3	1 140	-	1152	céramique dure poreuse
3A	1 150	1 140	-	porcelaine frittée
4	1 160	-	1168	porcelaine à l'os
4A	1 170	1 160	-	grès
5	1 180	-	1177	porcelaine tendre Orient
5A	1 190	1 180	-	
6	1 200	-	1201	
6A	1 215	1 200	-	
7	1 230	1 230	1215	
7A	1 240	-	-	
8	1 250	1 250	1236	
8A	1 260	-	-	
8B	1 270	-	-	
9	1 280	1 280	1260	
9A	1 290	-	-	
10	1 300	1 300	1285	
10A	1 310	-	-	
11	1 320	1 320	1294	
12	1 350	1 350	1306	
13	1 380	1 380	1321	
14	1 410	1 410	1388	
15	1 435	1 435	1424	porcelaine dure
16	1 460	1 460	1455	produits réfractaires
17	1 480	1 480	1477	
18	1 500	1 500	1500	
19	1 520	1 520	1520	
20	1 530	1 530	1542	

Classification des poteries (d'après Brongniart)

Poteries à pâte tendre (rayables par l'acier)	- Terre cuite (pâte argilo-sableuse à surface mate et dépourvue de glaçure) - Poterie lustrée (glaçure mince silico-alcaline) - Poterie vernissée (glaçure plombifère) - Poterie émaillée (glaçure stannifère)	- Briques, fourneaux - Jarres, urnes tournées - Faïences commune
Poteries à pâte dure (non rayables par l'acier, opaques, infusibles)	- Faïence fine (pâte incolore, glaçure vitro-plombique) - Grès cérame (pâte colorée sans glaçure ou glaçure silico-alcaline)	
Poteries à pâte dure translucide (argilo-siliceuses, alcalines ramollissables)	- Porcelaine dure (pâte de kaolin, glaçure feldspathique) - Porcelaine tendre naturelle (pâte argilo-saline phosphatique kaolinique, glaçure vitro-plombique boracique)	

Lexique

Les produits de la cuisson de l'argile sont très diversifiés et il arrive fréquemment qu'on les confonde. C'est pourquoi je crois utile de tenter de les définir ici le plus précisément possible.

- **La terre cuite :** poterie non émaillée de basse température. La pâte de coloration rouge-brun contient souvent de la chamotte.
- **La poterie :** art de réaliser de la vaisselle (assiettes, plats, théières, etc.) ou des ustensiles utilitaires (pots, vases, vasques, jarres, etc.) en argile cuite, le plus souvent à l'aide d'un tour.
- **La céramique** (du grec keramon, argile) : c'est l'art de façonner l'argile et d'en fixer les formes par la cuisson.
- **La coroplastique :** est la technique du modelage de l'argile.
- **Le tesson :** pâte céramique ou argile cuite considérée isolément de toute glaçure destinée à la recouvrir. Egalement, tout débris d'un objet céramique.
- **La chamotte :** brique pilée ou argile réfractaire concassée ajoutée à la pâte pour l'aérer et la dégraisser.
- **L'engobe :** c'est un enduit argileux liquide qui peut contenir également des oxydes métalliques. Cet enduit sert à créer un décor qui, après cuisson, est rehaussé de couleurs contrastées.
- **Le biscuit :** dans le cas où un produit céramique nécessite deux cuissons, le biscuit est le résultat de la première cuisson d'une pâte non couverte de glaçure ou d'émail.
- **Le borax :** borate hydraté de sodium. Utilisé en petite quantité, il abaisse le point de fusion des glaçures et favorise l'adhérence de la glaçure crue sur le support.
- **Le dégourdi :** pré-cuisson lente à basse température destinée à faciliter la manipulation des pièces fragiles et les opérations de glaçage.
- **La faïence :** nom donné à la poterie stannifère qui a été créée dans la ville de Faenza, en Italie, vers le milieu du 15e siècle. L'émail qui la recouvre est blanc et opaque Par extension, toute poterie poreuse émaillée.
- **La faïence fine :** est constituée d'une pâte argileuse de coloration blanc ivoire recouverte d'un vernis cristallin plombifère qui révèle la coloration du matériau de base.
- **Flint :** mélange de porcelaine, de quartz et de silex broyé.
- **Gomme adragante :** gomme qui exsude d'arbrisseaux du type astragale. Cette gomme favorise l'adhérence de la glaçure crue sur le biscuit.
- **Guillocher :** creuser un réseau de hachures à la surface de l'argile (à l'aide d'un ébauchoir). Le guillochage s'effectue sur deux surfaces à assembler, celles-ci étant préalablement enduites de barbotine.
- **La majolique :** faïence italienne de la Renaissance.
- **La poterie fumée :** poterie non recouverte d'un enduit vitrifié, cuite à basse température (950 °C) dans un four primitif, dans une atmosphère réductrice et en présence de matériaux fumigènes. La suie bouche partiellement les pores de la terre cuite en la colorant en noir.
- **La terre vernissée :** poterie commune recouverte d'une fine glaçure plombifère transparente.
- **Le grès cérame :** céramique réalisée à partir d'argile vitrifiable et fusible. La fusion se réalise vers 1 300 °C et donne lieu à un tesson résistant aux chocs mécaniques et à la corrosion. Les formes sont généralement réalisées au tour.
- **La porcelaine :** céramique réalisée à partir de matériaux divers qui se vitrifient à haute température en donnant un tesson blanc, translucide qui sera ultérieurement recouvert d'une glaçure ou d'une couverte. On distingue la porcelaine dure de la porcelaine tendre.
- **Le raku :** technique et philosophie de cuisson rapide de pièces émaillées enfournées dans un four chauffé au rouge sombre. Une fois cuites les pièces sont retirées au moyen de pinces en acier et subissent divers traitements destinés à modifier l'aspect de la glaçure. Cette technique est originaire du Japon.
- **La glaçure :** tout enduit vitrifié qui recouvre un tesson.
- **L'émail :** glaçure stannifère qui recouvre la faïence.
- **La couverte :** glaçure alcaline qui recouvre le grès et la porcelaine.
- **Le vernis :** glaçure plombifère mince et transparente vitrifiée à basse température.
- **La fritte :** verre fondu, refroidi rapidement et finement pulvérisé. La fritte entre comme constituant de base, non soluble dans la composition de certaines glaçures.

Bibliographie

L. Alaurent & M. Larchevêque : Traité pratique de décoration céramique. Baillère & Fils, Paris, 1960.

J.-M. André : Restauration de la céramique et du verre. Fribourg, Office du Livre, 1976.

J. Anquetil & D.Vivien : La poterie. Dessain & Tolra/Le Chêne. Paris, 1978.

H. Begouën : Les statues d'argile Préhistorique de la caverne de Trois Frères. Compte rendu de l'Académie des Inscriptions. 1912.

H. Begouën : L'ébauche du bison d'argile. Revue d'Anthropologie, 1921.

S. Besques : Figurines et reliefs en terre cuite. Département des Antiquités grecques, étrusques et romaines. RMN, 1994.

M. F. Briguet : Le Sarcophage des Époux. Éditions Leo S.Olschki, 1989.

M. Bourdais : Secrets d'atelier perdus et retrouvés. Dunod. Paris, 1978.

S. Buys & J.-M. André : Restauration de la céramique et du verre. Fribourg, Office du Livre, 1976.

J. Caplan : Paper and clay. Ceramic Review, 1993.

Céramique française contemporaine : sources et courants. Musée des Arts Décoratifs. Paris, 1981.

Dictionnaire Archéologique des Techniques. Éditions de l'Accueil. Paris, 1963.

L. Desy : La Céramique. Éditeur Officiel du Québec, 1977.

G. Didi-Huberman : Catalogue de l'exposition « L'Empreinte ». Centre Georges-Pompidou, 1997.

D. Ellery : Profile-Sold on Paperclay. Pottery in Australia, 1995.

C. Falgayrettes-Leveau : Corps Sublimes. Musée Dapper, 1994.

J. R Gaborit : La sculpture. Encyclopédie Universalis.

Japon. Revue d'Esthétique. Éditions Jean-Michel Place, 1990.

B. Gartside : Paperclay. New Zeland Potter, 1993.

R. Gault : Amazing paperclay. Ceramics Monthly, june, july, august, 1992.

F-J Glass : Modelling and Sculpture. B.T. Batsford Ltd. London, 1929.

D. Grubbs : Modeling a likeness in clay. Watson-Guptill Publications. New York, 1982.

R. G. Haggar : Recent Ceramic Sculpture in Great Britain. John Tiranti, London, 1946.

Guide des Céramistes. Édition de la revue de la Céramique et du Verre, 1997.

D. Hamilton : The Thames & Hudson Manual of Potery Ceramics. Thames & Hudson, London, 1974.

A. Heilgstein : Précis de décoration dans les arts du feu. Dunod, Paris, 1968.

R. Krauss : Passages. Macula, 1997.

G.Lascault : Charles Simonds. Collection Repères. Galerie Maeght Lelong, 1986.

J. Laude : Les Arts de l'Afrique Noire. Éditions du Chêne, 1988.

B. Leach : Le livre du potier. Dessain & Tolra. Paris, 1979.

M. Lucchesi : Modeling the head in clay. Watson-Guptill Publications. New York, 1979.

A. Luccionni Soulez : Daumier. Encyclopédie Universalis.

E. Mannoni : Barye. Éditions de l'Amateur.

F.H. Norton : Ceramics for the Artist Potter. Addison-Wesley, 1956.

V. Oakley : The Conservation and Restauration of Ceramics. Butterworth-Heinemann, Oxford.

« Puget », Catalogue d'exposition du Musée des Beaux-Arts de Marseille, 1994-1995.

P. Rada : Les techniques de la céramique. Ed. Gründ, Paris, 1989.

J. Rayez : Initiation à la céramique. Ed. Bornemann. Paris, 1978.

R. Recht : Penone. L'espace de la main. Catalogue d'exposition des Musées de la ville de Strasbourg, 1991.

D. Rhodes : La poterie, terres et glaçures. Dessain & Tolra. Paris, 1976.

F. Susse : Manuel de modelage, moulage et sculpture. Mayens, Anvers, 1943.

A. Toft : Modelling and Sculpture. Seeley, Service & Co, London, 1929.

R. Wittkower : Qu'est-ce que la sculpture ? Éditions Macula, 1995.

C. Zarnescu : Aforismesle si textele lui Brancusi. Éditions Scrisnul românesc, 1980.

Crédits photographiques

P. 6, 7 Ph. © Scala
P. 10 Ph. © RMN/H. Lewandowski
P. 14 Ph. © Moortgart
P. 17 Ph. © Lauros-Giraudon
P. 18 Ph. © Jean-Claude Amiel
P. 19 Ph © Myriam Delahoux
P. 20 Ph © Thierry Campion/Gamma
P. 21 Ph. © Dagli Orti
P. 24 Ph. © Jeanne Allard
P. 25 Ph. © Musée Rodin/Adam Rzepka
P. 26 Ph. © Dagli Orti
P. 27 Ph. © RMN
P. 28 Ph. © Gerhard Lutz
P. 29 Ph. © Kees Hoogendam
P. 30 Ph. © Jeanne Allard
PP. 31, 32 Ph. © Jeanne Allard
P. 33 Ph. © Francis Bourger
P. 35 Ph. © Jeanne Allard
P. 36 Ph. © Evelyne Henrard
P. 37 Ph. © Bernd Kuhnert
P. 39 Ph. © RMN/G. Blot/C. Jean
P. 40 Ph. © Jeanne Allard
P. 41 Ph. © Jeanne Allard
P. 42 Ph. © Cactus
P. 45 Ph. © Pierre Batillot
PP. 46 à 51 Ph. © Jeanne Allard
P. 53 droite Ph. © RMN/H. Lewandowski
P. 55 Ph. © Georges Méguerditchian
P. 58 Ph. © RMN/R. G. Ojeda/P. Néri
P. 59 Ph. © Jeanne Allard
P. 60 Ph. © Dagli Orti
P. 61 Ph. © Jeanne Allard
P. 64 Ph. © Jeanne Allard
PP. 65, 66 Ph. © Jeanne Allard
P. 67 Ph. © Abdel Hadibarki
PP. 68 à 71 Ph. © Jeanne Allard
P. 73 Ph. © Scala
P. 74 à 78 Ph. © Jeanne Allard
P. 79 Ph. © Yves Petit
P. 81 Ph. © Dagli Orti
P. 82 Ph. © Céradel
P. 83 Ph. © Longechal
P. 84 Ph. © Jean-Pierre Niogret
P. 85 Ph. © Gérard Bignolais
P. 87 Ph. © Gerhard Lutz
P. 91 Ph. © Jeanne Allard
P. 94, 95 Ph. © Jeanne Allard
P. 96 Ph. © Gérard Bignolais
P. 97 Ph. © Gérard Bignolais
P. 99 Ph. © Jeanne Allard
P. 101 Ph. © Didier Barthélémy
P. 102 Ph. © Edmondo Tich
P. 103 à 105 Ph. © Jeanne Allard
P. 107 Ph. © Galerie L&M Durand-Dessert
P. 108 Ph. © Grand Angle
P. 109 Ph. © Jeanne Allard
P. 110 Ph. © Michel Wohlfart
P. 112 Ph. © Christine Georgel
P. 113 Ph. © Ulzega
Droits réservés pour mentions non spécifiées.